David Englaender

Der Imperativ im Altfranzösischen

David Englaender

Der Imperativ im Altfranzösischen

ISBN/EAN: 9783337177652

Hergestellt in Europa, USA, Kanada, Australien, Japan

Cover: Foto ©Thomas Meinert / pixelio.de

Weitere Bücher finden Sie auf **www.hansebooks.com**

Der Imperativ im Altfranzösischen.

Inaugural-Dissertation,

welche nebst beigefügten Thesen

behufs

Erlangung der philosophischen Doktorwürde

mit Genehmigung

der hohen philosophischen Fakultät der Universität Breslau

Freitag, den 28. Juni 1889, Vormittags 11 Uhr

in der Aula Leopoldina

gegen die Herren Opponenten:

cand. phil. **O. Dammann,**

Dr. phil. **R. Wendriner**

öffentlich verteidigen wird

David Englaender

aus Posen.

BRESLAU 1889.

Buchdruckerei zum Gutenberg, Anton Schreiber, Albrechtsstr. 20.

Meinen geliebten Eltern.

Die Litteratur, aus der ich den Stoff zu der vorliegenden Arbeit geschöpft habe, ist folgende:

a) Französische Litteratur:

Adam Adam, mystere du XIIe s. par Léon Palustre 1877.

Aiol Aiol et Mirabel und Elie de St. Gille hg. v. Förster, Heilbronn 1876.

Alex La vie de s. Alexis p. p. Gaston Paris et L. Pannier, Paris 1872.

Alex (H) De saint Alexis . . . hg. v. Herz, Frankfurt a. M. 1879.

Alisc Aliscans . . . p. p. Guessard et de Montaiglon Paris 1870.

Amis Amis et Amiles und Jourdain de Blaivies hg. v. Hofmann, Erlangen 1882.

Auc Aucassin und Nicolete hg. v. H. Suchier, Paderborn 1881.

B Chr Chrestomatie de l'ancien fr. p. Bartsch 3, Leipzig 1875.

Best Li livres des creatures by Philip de Thaun. In Popular treatises on science . . . ed. by Wright, London 1841.

Brand (Jub) La légende latine de S. Brandaines avec une trad. p. Jubinal, Paris 1836.

Cambr Ps Le livre des Psaumes . . . d'après les manuscrits de Cambr. et de Paris p. Michel, Paris 1876.

Chev Li Romans dou chevalier au Lyon von Chrestien von Troies . . . hg. v. Holland, Hannover-Paris 1880.

Clig Cliges von Chr. v. Tr. . . hg. v. Förster, Halle 1884.

Elie s. Aiol.

Fergus Fergus, Roman von Gu. le clerc hg. v. Martin, Halle 1872.

Fier Fierabras . . . p. p. Kröber et Servois, Paris 1850.

Gayd Gaydon . . . p. p. Guessard et Luce, Paris 1862.

Graal Le Saint-Graal ou le Joseph d'Arimathie p. p. Eug. Hucher, Le Mans-Paris 1875.

Greg Li Dialoge Gregoire lo Pape . . . hg. v. Förster, Halle-Paderborn 1876.

Huon Huon de Bourdeaux p. p. Guessard et Grandmaison, Paris 1860.

Joinv Histoire de Saint Louis par Jean Sire de J. p. p. de Wailly, Paris 1868.

Jourd s. Amis.

Lyon Ys Lyoner Ysopet . . . hg. v. Förster, Heilbronn 1882.

Men Reims Recits d'un menestrel de Reims p. p. de Wailly, Paris 1876.

Nost D Miracles de N. D. p. p. Paris et Robert, Paris 1876 (I).

Mont F Recueil général et complet des Fabliaux p. p. de Montaiglon et Raynaud, Paris 1872—83.

Rois Les quatre livres des rois . . . p. p. Le Roux de Lincy, Paris 1841.

Rol La chanson de Roland p. Léon Gautier, Tours 1875.

Ros Le Roman de la Rose par Guill. de Lorris et Jean de Meung p. p. Marteau, Orleans 1878-80.

Sept S Essai sur les Fables indiennes . . . suivi du Rom. des Sept Sages de Rome en Prose p. p. Le Roux de Lincy, Paris 1838.

Th fr Théatre fr. au moyen-âge p. p. Monmerqué et Michel, Paris 1839.

Tr Belg Trouvères Belges . . p. p. Scheler, Brux. 1876.

V Test Le Mistère du Viel Testament p. p. Rothschild, Paris 1878—85.

Villeh La conquête de Constantinople par Geoffroy de Ville-Hardouin p. p. de Wailly, Paris 1872.

b) Lateinische Litteratur:

Cor Rust Martin von Bracara's Schrift De correctione rusticorum . . hg. v. Dr. C. P. Caspari, Christ. 1883.

Script R M Monum. Germaniae Historica: I Scriptores Rerum Merovingicarum, Hann. 1884.

Kirch An Kirchenhistor. Anecdota . . . veröff. von Dr. Caspari; I Lat. Schriften, Christ. 1883.

Petron Petronii Arbitri Satirarum Reliquiae ed. Fr. Buecheler, Berlin 1862.

Plaut Marci Plauti Comoediae, ed. Fr. Ritschel. I, Bonn 1848.

Script R L I Monumenta Germ. Hist.: Scriptores Regum Longobardorum et Italicorum, Leipzig 1884.

Poet lat Monum. Germ. Hist.: Poetae latini Carolini aevi, Tom. III P. prior, Berlin 1886.

Terent Terentii Afri Comoediae, ed. Carol. Dziatzko, Leipzig 1884.

I.

Vom lat. Imperativ hat sich in Gallien nur die 2. Ps. Sgl. des Imp. I erhalten. In spätlat. Periode (in Schriften, in denen die Sprache dem rustiken Idiom der Zeit am meisten sich nähert, wie z. B. in den in Kirch An abgedruckten Dicta Pirminii) zog man dem Imp. II (facito, facitote) das Fut. Ind. vor und wendete jenen kaum anders als bei den Verben *habere, esse, scire* meist in Anlehnung an die Vulgata in affirmativem Sinne an. Eine solche Erstarrung des Imp. II im rustiken Latein des 6. Jahrh. musste noch in vorromanischer Zeit zu dessen völligem Untergange führen.

Die 2. Ps. Pl. Imp. wird im frz. und prov. durch die entsprechende des Indic. Praes. ausgedrückt.

Die Aufforderung in der 1. Ps. Pl. wird nicht mehr, wie im lat., durch den Conj., sondern durch den Indic. praes. ausgedrückt. Dies bestätigen folgende Formen: *Si'n dimes Pater noster* Alex 125; *Desfaimes la meslee* Rol 450; *Alons au roi et si li dimes* (s. Gaston Paris, Accent latin S. 71); Ben II 26719 *Faimes que teus seit mes li tens Que sor nos n'ait plus graverens.* Das bekannte *oram* am Schlusse der Eulalia findet sich bereits in homiletischen Schriften des 6. Jahrh., und zwar als *oramus*, ebenfalls den Schlusssatz beginnend:

Kirch An S. 212 *Oramus autem ipsius dei clementiam ut nos ab omni malo custodiat . . . Amen;* Cor Rust S. 43 *Oramus* (hs. L) *autem domini clementiam . . .*; hs. B hat *oremus*, indes heisst es in der Anmerkung: „indem der Corr. „a" über „e" geschrieben hat."

II.

Vertretung des Imperativs durch andere Modi.

A. Der Conjunctiv.

a) Der Conj. Praes.

1. Er tritt als Ergänzung für die fehlenden Imperativformen der dritten Person auf.

Bei den Verben *avoir, être, pouvoir, vouloir* und *savoir*, welche überhaupt keinen Imperativ haben, wird ständig der Conj. gebraucht. Eine Abweichung hiervon scheinen folgende Sätze zu bieten: Parton 9521 *Aves vos pitie d'autre rien Que de la mort de ce paien!* Garin Loh II 78 *aves vous garde!* (s. Tobler, Gött. Gel. Anz. 1872 S. 895, wo diese Beispiele in anderem Zusammenhange genannt sind.) Die Nachstellung des Subjectpronomens *vous* in beiden Fällen spricht für die Annahme, dass *aves* Imperativ sei.

Nicht aber darf man in gleicher Weise den namentlich in V Test häufig vorkommenden Ausdrucksweisen: *n'avez garde, n'avez double* imperativischen Character beimessen, z. B. V Test IV 31676 *Car le roy veult sur toute rien Que noz ennemis assaillons. Garde n'avez que leur faillons;* ibid. 34231 *N'avez doubte, aussi ferons nous. N'avoir garde (peor, doute)* bedeuten, wie dies Tobler Zschr. II 151 und X 163 gezeigt hat, „nicht zu fürchten haben".

2. Bei Aufforderungen an die zweite Person kann, wie im lat., der Conj. Praes. den Imperativ vertreten.

Adam 94 *Offres le lui de bon cuer, Si recevras bon luer;* Mont F III 153 *Et penses de tost revenir, Pour nous compagnie tenir;* Ben II2 1162 *Viengiez à un si douz voleir Qu'entre vos dous mais mal espeir;* Chev 4394 Et cele li dit: *„Sire, de la part de Veigniez vos a mon grant besoing!"* Villeh p. 77 *Mais faiçois une chose que je dirai;* Huon 226 *Vous li facies poore ceval donner;* ib. 171 *Dont vous facies batisier erroment Si receves la bautesme avenant;* ib. 120 *Aval ces rues tot courant en ales Et si facies trestout partout crier;* Ben II 29242 *Mais de cest me facez ottrei.*

Bemerkenswert ist der häufige Gebrauch der Conjunctivformen von *oir* und *voir*:

Best p. 90 *Mais os tu hom de de. ceo est auctorité Et oies escripture, e la terce nature Del furmi;* Ben II 25708 *Oies. Venuz sui ci a tei;* ib. 18092 *Or veies ce que je t'enseing;* ib. 20276 *Sire, funt il, saches et veies, Apren e reconois e creies;* ib. 21782 *Conois, veies si te remembre;* 26347 *Por Deu! sire, si t'en porveies Si nos en fai certains e fis;* Mont F II 46 *Trailles en cha; s'oiies I conte;* II 160 *Oiies, fait il, de ceste sote;* II 163 *Or oiies de le bone femme*; Huon 1 *Segnour oiies . . . Boine canchon;* ib. 51 *Voiies le roi sor le crestiau monte;* ib. 66 *Ore oiies I petit;* ib. 88 *Voiies quel home* u. ö. Vgl. den prov. Gebrauch der Conjunctive *auiatz* und *veiatz* an Stelle des Imperativs.

Wie im Lat. (z. B. ne dubites), wird der Conj. Praes. in prohibitivem Sinne verwendet: Cambr Ps XXV, 9 *Ne poses* (= ne apponas); Ben II 23240 *Or pre, plus ne m'en tienges loing;* Chev 1714 *Ne mes devant moi ne reveignes*; Auc 8, 17 *Et va a l'estor, ja n'ifieres tu home;* Mont F III 148 *Va nous apporter. . .* III. *chopines Et de tost revenir ne fines.*

b) Der Conjunctiv Imperfecti.

Chabaneau hat Revue l. rom., Série IV A. I (1887) S. 608 auf den Gebrauch dieses conjunctivischen Tempus im Sinne einer Aufforderung zuerst aufmerksam gemacht und zwar im Anschluss an eine Stelle in Bert Born (ed. Stimming) 21, 79: *Dompna, ab cor avar De prometre e de dar Pois nom voletz colgar Donassetz m'un baisar.*

Im Afrz. begegneten mir folgende Stellen: Jourd. 1763 *Et s'uns baisiers vos venoit atalant Sel prëissiez et des autres avant;* ib. 2362 *Lez un mostier ne faitez un ostel. Une fenestre m'i faitez compasser Et pain et eve m'i feissiez donner;* Chev 1670 hs. A. *Por Deu, car vos en chastiez Si les lessesiez viax de honte;* Villeh p. 77 *Mais faiçois une chose que je vos dirai; demoressiez trosque al mars, et je vous alongeroie vostre estoile et paieroie etc.* Am reinsten ausgebildet erscheint der jussive Character des Impf. Conj. in Amis 2641 *Gentiz hom sire, un noz en* *v e n d i s s i e z*; Mont F V 104 *S'il vous plest, si l'* *a c h a t i s s i e z*; Tobler, Mitt 15,20 *Por Dieu de gloire, et car me* *c r e ï s s i e z*! Trouv Belg I 68,41 *A vos ferai revenir Mon chant por vo cortoisie Car* *d e i g n i s s i e z* *consentir Que ce vos fust a pleisir.* Zweifelhaft ist es, ob Gayd 22 *Bien sai de voir, se voz or* *v e s c u i s s i e z*, *Ja en la cort ne fuisse ainsiz traitiez. — Non, glouz, dist Karles, ja ne le* *p a n s i s s i e z*; *Qu'il voz fëist touz les membres tranchiez.* *ja ne le pansissiez* dem häufig verwendeten *mar le pansastes* oder, was unserem Sprachgefühle mehr begegnet, dem praesentischen *ne le pensez* entspricht. Es wäre dies der einzige Fall, in dem ein Prohibitiv, und dazu noch in verschärfter Form, durch den Conj. Imp. gegeben würde.

Bischoff, Der Conjunctiv bei Chrestien p. 17 führt einen Fall verwandter Art an für die 3. Ps. Conj. Imp.: *Sire, ki aler i vorroit, Si* *t e n i s t* *ce sentier trop droit, Si come nos somes venu Par ce bos espes et menu*; *Si se* *p r ë i s t* *garde des rains* .. und meint hierzu mit Recht: „Dieses Imperfect ist nicht das der Vergangenheit, sondern das der hypothetischen Annahme des Zukünftigen; es ist der Conjunctivus des Conditionalis." Dieser Satz unterscheidet sich von Chev 1449 *qui se vialt, s l'oie* nur in der Art der Bedingung; beide aber haben imperativischen Sinn. Wie man ferner: *Et se tu veus, le voir en oies* sagen konnte, so hinderte nichts, auch den „Conjunctiv des Conditionalis" in der 2. Ps. imperativisch zu verwenden: Huon 235 *Sire, fait il, s'il vous venoit a gre, La demoisele me* *f e s i s s i e z* *mostrer* oder ib. 309 *Sire, dist il, s'il vous venoit en gre,* *P a r d o n n i s s i e z* *Gerart de mauvaiste.* Dieser Gebrauch führte alsdann zur imperativischen Verwendung des Conj Imp. ausserhalb eines hypothetischen Satzgefüges: Amis 2641 *un noz en vendissiez* und zu seiner schliesslichen Verbindung mit einem bedingenden Vordersatze im Praes. Indic.: Mont F V 104 *S'il vos plest, si l'achatissiez,* also zu einer Form, welche beweist, dass in solcher Anwendung das Bewusstsein von der ursprünglich hypothetischen Bedeutung des Impf. Conj. völlig geschwunden war.

c) Der Conjunctiv Perfecti.

Da Engwer in seiner Dissertation: Ueber die Anwendung der tempora perfectae statt der tempora imperfectae actionis im Afz., Berlin 1884, über den Gebrauch des Conj. Perf. in unabhängigen Wunschsätzen ausführlich gehandelt hat, bedarf es hier eines allseitigen Eingehens in die Sache nicht. Nicht merkwürdig, aber immerhin erwähnenswert ist es, dass schon im lat. der Conj. des compositen Perfects, welches nicht blos Dauer und Besitz, sondern auch den Abschluss einer Thätigkeit in der Gegenwart bezeichnete (vgl. Wölfflin's Arch. 2,372 ff. und 509 ff.), im Sinne einer Aufforderung verwendet wurde: Luc. 14,18 *rogo te, habe me excusatum;* Cic. ad fam. lib. XV, 13,3 *Omniumque mearum reliquarum rerum maximeque existimationis meae procurationem susceptam velim habeas.*

Engwer's fleissiger Sammlung der hier einschlägigen Beispiele füge ich noch folgende hinzu: Huon 71 *Ne reva pas a Bordiaus la cite N'a Gironville que sour le roce pert, N'aies ançois u me bouce parle;* vgl. damit den abhängigen Wunschsatz: *Si te desfen, sur les menbres coper . . . Que vers le roi n'aies mais estrive* Huon 311; — ib. 44 *Prendes errant C chevaliers armes Et vous meismes soiies bien aprestes;* Aiol 4920 *Por matinet soies tout apreste Si aies vos destriers ceingles, Un cembel trametrons a la chite;* Fier 105 *Puis faites unes fourques lever sur ces fossez . . . Et vous aies vos hommes el bruillet aprestes;* Ben II 23096 *Mais quant mai sera metteiez, Si seiez a mei repairiez.* Dieses Beispiel sowie Aiol 4920 sind insofern beachtenswert, als in ihnen, wie in dem neufrz. Satze: *ayez abandonné la ville, quand l'ennemi y entrera,* der Zeitpunkt für den Abschluss der Thätigkeit ausdrücklich angegeben ist. Auffallend ist die häufige Wiedergabe des lat. Imperativs durch den Conj. Perf. im Cambr Ps und Rois: Rois 326 *A ores seies tu haitied (vade et confor'are);* Cambr Ps VI 4 *Seies revertiz Sire, esrace la meie aneme, salve mei (revertere);* ibid. VII 7 *e pur iceste en halt seies repairet (revertere)* u. ö.

B. Der Indicativ.

Als das wichtigste Tempus desselben kommt

a) Das Fut I

in Betracht. Im Lat. ist es seit den ältesten Zeiten imperativisch als Ausdruck einer Erwartung verwendet worden: Plaut Curc 728 *tu, miles, aput me cenabis; hodie fient nuptiae*; Most 5,15 *non me appellabis, si sapis* (s. Kühner II, 111).

In nachclassischer Zeit hat das Futur den Imperativ II namentlich seit den Zeiten der Vulgata immer mehr verdrängt und dessen characteristische Fähigkeit zum Ausdrucke von Vorschriften und Lebensregeln erworben.

So wird denn auch das romanische Futur im Afrz. verwendet

1. in schriftlichen Aufzeichnungen von Gesetzen, Vorschriften u. s. w.

B Chr 40,16 *Si home ocist alter e il seit cumissant . . . durrad de sa manbote al seinur*; 41,6 *Del porchier si rendrad la meité de la main.* Selten steht der Conj.: B Chr 42,5 *e si il aveir nes pot, si s'en desfende par juise, e li apeleur jurra sur lui.*

2. in der Befehlsweise der lebendigen Rede. Wird die Erwartung mit grösserer Entschiedenheit ausgesprochen, so wird damit der Befehl verschärft.

Auc 22,22 *Se dix vos aït, bel enfant, Si feres! Et tenes X sous*; Aiol 8205 *Sire, vous en venres Al roi de douche Franche, par nous vous a mande.* Vorzugsweise ist das Futur zur Bezeichnung eines nachdrücklicheu Verbots geeignet: Gayd 122 *N'irez avant losengier deffae*; ib. 104 *Ni enterrez par le cors saint Richier, Car Karles doit asseoir au mengier*; Mont Fabl III 230 *Ja ne girras en mon manoir*; 179 *Biau sire, son commandement covient tenir, ja n'en bevroiz;* Rol 260 *Ne vus ne il n'i porterez les piez.* Das Verbum vicarium in Verbindung mit *non* steht stets im Futur.: Mont F III, 237 *Non feras lai le toute coie;* Huon 78 *Biau dos nies, non feres, Desc'a demain aveuc moi remanres.*

Auch eine Bitte kann durch das Futur in die Form einer Erwartung gekleidet werden.

Mont. F. 10 *Sire, bien viegnoiz vos; Vos demorroiz ci avuec nos a disner, et ferons grant joie; Quar vez ci au feu la grasse vie;* vgl. Plaut Curc 728 *tu, miles, aput me cenabis; hodie fient nuptiae;* Mont F III, 19 *Bele, ne vous courouciez pas; o Damoisele Venelas Vendrez seoir et o m'amie;* Huon 71 *Sire, dist l'enfes, or me faites bonté; Les chevaliers . . . S'il vous plaist, sire, vous les me presteré Desc'au Sepucre, s'il est vos volentés.* V Test IV, 29306 enthält ein Gebet: *Vostre bon plaisir en ferez, Puissant Dieu, sur tous vertuable.*

Meist aber hat das Futur in imperativischer Function keine bestimmt ausgeprägte Bedeutung.

Mont F II, 245 *Or me dirrez, si il (roncin) est seint;* Trouv Belg I, 77 *Chansonete, querre ires la millor de la contree;* Mont F III, 153 *Et penses de tost revenir Et si clorras la grant fenestre;* Huon 78 *Hues, dist il, ces lettres porteres Droit a Garin, si le me salues;* ibid. 77 *Droit a Brandis, je vous di, en ires, La trouveres Garin de saint Omer;* Voir dit p. 22 *A li me recommanderes Cent mille fois et li dires.*

Ausserdem kommen hier noch gewisse syntactische Erscheinungen in Betracht, die jedoch erst im letzten Abschnitte unserer Arbeit ihre Berücksichtigung finden können.

b) das Futurum II

wird, wenn auch nur vereinzelt, in ähnlicher Weise wie der Conj. Perf. verwendet, indem die Erwartung ausgesprochen wird, dass die gewünschte Handlung bereits vollzogen sei. Engwer p. 49,6 führt hierfür einen Fall aus B. de Seb. an; III, 150 heisst es daselbst: *Gardez ceste pulcelle, si l'arés bien vestue.*

c) der Indic. Praes.

Von den wenigen Stellen, die hier in Betracht kommen, nenne ich zunächst Rol 3892 *Dist Pinabels: Tierris, Kar te recreiz;* Alex 11 b *Fiz, dist li peres, quer t'en vas colchier Avoc ta spose.* Diese hält Suchier Zsch. 3,150 für wirkliche Indicative mit imperativischer Bedeutung, während Gaston Paris Rom. 7,621 sie als blosse Kopistenfehler bezeichnet. Ich glaube in der That, dass man der Auffassung Suchier's beipflichten dürfe. Doch bin ich mit ihm darin nicht einverstanden, dass er auch *oz* in Alex 14a *Oz mei, pulcele: celui tien ad espos Qui nos redenst de son sanc precios* so deutet. Ich werde in Abschnitt IV auszuführen haben, dass *oz* an dieser und den beiden von G. Paris aus Best p. 90 angeführten Stellen fragend ist.

Ferner sind zwei aus dem 12. Jahrhundert stammende Fälle hier zu erwähnen:

Alex (12. Jhrh.), 288 *Or t'en vas, sire, Dieus te laist revenir, Quant autrement ne te puis retenir;* Jourd 777 *Tu t'en vas, anfes, a Dammeldieu congie, Je te commant au glorioz dou ciel!* Dass in beiden Sätzen *vas* imperativische Bedeutung hat, geht aus dem Zusammenhange unzweifelhaft hervor.

Einschlägige Stellen aus der Litteratur des dreizehnten und vierzehnten Jahrhunderts sind nicht mehr diskutierbar. So kann die Form *traiz* in Gayd. 134 *Sararis crie: Peres, car les en traiz; C'iert vilonnie, se noier i lais* sowohl Indic. als auch Imper. sein.

C. Der Infinitiv.[1])

Da ich der Ansicht bin, dass der Inf. hist. seinem Ursprunge und Wesen nach mit dem Inf. imper. in engem Zusammenhange steht, so berühre ich in Folgendem auch das Gebiet des Inf. hist. Ich behandle

I. Den Infinitiv ohne Präposition, dessen Natur ein Zurückgehen auf das Lat. erforderlich macht.

Neben dem narrativen Gebrauch des Inf. wurde dieser im Lat. auch im Sinne einer Aufforderung verwendet. v. Golenski führt in seiner Dissertation: De Infinitivi apud poetas latinos usu, Königsberg 1864, zwei ganz sichere Fälle dieses Gebrauchs an: Val. Flacc. 3,411 *ergo ubi puniceas oriens adscenderit undas, tu socios adhibere sacris;* Apul. M. 2.23146 *Ineptias, inquam, mihi narras et nugas meras. Videre hominem ferreum et insomnem, certe perspicaciorem ipso Lynceo vel Argo et oculeum totum.* Ich ergänze diese Beispiele durch

---

[1]) Vgl. Jolly's „Geschichte des Inf. in den indogermanischen Sprachen". — Neuerdings erschien eine Berliner Dissertation von Ph. Marcou: „Ueber den historischen Infinitiv im Afrz.", in welcher auch der Inf. imperat. *or du faire* berücksichtigt ist.

eine Reihe anderer aus sehr später Zeit, in welcher die Vulgärsprache mit dem Kunstlatein sich mischt, nämlich aus den Poet. lat. des achten Jahrhunderts: p. 127 v. 9 *Carmina lete tua rude* *c r i s p a r e* *susurro Et laudes metricas excita, queso, tivi;* 136,154 *Rumpe moras vite, queso, tumbaque retrusus, Quanta salus nostris maneat,* *n a r r a r e,* *sub umbras, Nuntium ut mundi referas, per sedes opacas Quis bene quis male quis medie gaudetque gemetque;* 136,164 *Pro nostras noxas lacrimas tu* *f u n d e r e,* *lector: Sic culpas proprias careas sub iudice Xristo Et centri valeas celsum scandere tribunal;* 149,7 *Sic meditantes migraturi seculo Apostulorum imitantes monita Pacem sequentes corde puro* *e x s e q u i,* *Veniam* *d a r i* *invicem alacriter, Finctis loquellis sordida* *d e p e l l e r e.* Dieser Satz bietet uns selbst einen passivischen Infinitiv in jussiver Verwendung: *veniam dari.* Einen solchen Fall verzeichnet Gesenius, Hebr. Gr. für's Hebräische aus Gen. 17,10. 174, 57 *Hoc visum patriae magnae synodoque beatae Mittere tam clarum pontificale decus: Ad Petrum primum, quia primus pastor habetur Caelestis Solimae, claviger atque potens, Hinc* *r e n o v a r e* *tuas res amplas, inclita Roma.* Vom letzten abgesehen, stammen sämmtliche Beispiele aus hispanischen Dichtungen, ein Umstand, der merkwürdig zu der Thatsache stimmt, dass der Gebrauch des Inf. imper. gerade im span. und port. so heimisch ist. So wäre denn die Existenz des affirmativen Infinitivs in jussiver Function in der lat. Volkssprache hinreichend gesichert.

Was nun den imperativischen Gebrauch des negativen Infinitivs anlangt, so ist er meines Wissens noch nirgends nachgewiesen worden. Ich vermag denselben vom 6. Jahrhundert an zu belegen. Kirch An (Pirminius) p. 162 *De cupiditate autem dixit:* *N o n* *c o n c u p i s c i r e* *rem proximi tui;* p. 168 *Et dominus in euangelio:* *N o n* *j u r a r e* *omnino, neque per celum, neque per terram neque per caput tuum.* Die entsprechende Stelle in der Vulgata lautet: *Ergo autem vobis dico, non jurare omnino*; die unbedenkliche Loslösung des negativen Infinitivs beweist seine Fähigkeit, in voller Selbstständigkeit zu fungieren. p. 169 *Multiloquium* *n o n* *a m a r e*; so C, im Texte steht *amate*; p. 187 *N o n* *c o n c u p i s c i r e*

(*C. concupiscetis*) *rem proximi vestri, falsum testimonium non dicites, iram non perficites*; Script R L I p. 347—48 *Si hoc non vis sectari, imitare isto sancto viro, aequipara . . .; non te justis separare a fratribus tuis, ut una cum ipsis beatus sis*; Poet lat carol. aev. p. 48 *Non me tu lacrimis vinces aut fletibus unquam, Non cantus resonare leves, non pandere vota. Unde velim: tu misce favos, ego floribus ornem.* Schliesslich sei noch ein Beispiel aus den carmina Alcuini erwähnt: Poet lat med. aev. 269,25 *Non tardare, precor, cuculus, dum currere possis, Te dafnin juvenis optat habere tuus.*

Der lat. Inf. hist. verblieb dem Franz. nicht. Ueber vereinzelte, vielleicht zweifelhafte oder durch besondere Umstände veranlasste Fälle sehe man Marcou a. a. O. S. 16 und für das Roman. überhaupt S. 28. Dagegen ist der imperativische Gebrauch des Inf. im Romanischen sehr verbreitet.

a) der affirmative Infinitiv wird von Diez Gr. III 211 im span. und port. nachgewiesen. Vockeradt führt in seinem Lehrbuch der Italien. Sprache, Berlin 1878, I, 238 eine Reihe von Beispielen aus dem modernen Ital. an, z. E. *Farlo venir a Milano, diceva Marco.* Im Afrz. sind mir nur zweifelhafte Stellen begegnet:

Mont F I, 101 *Commencier, fet Dame Anieuse, Je suis assez plus covoiteuse Que vous n'estes del commencier. Or n'i a fors que del huchier Nos voisins. Certes ce n'a mon.* Man könnte *commencier* für einen Fehler statt *commenciez* halten. Unsicher ist auch Voir dit p. 267 *Sachiez qu'il me plaist bien maisque vous aiez en vous reconfort et bonne esperance; et penser que tout autel sent-je come vous faites, ne jour de ma vie je ne vous oblieray,* wo *penser* auch als ein weiteres Object zu *aiez* gefasst werden könnte. Eine dilemmatische Aufforderung im Inf. bietet Th fr 446 *Alons l'i mettre. Or avant! ou mettre-y ou taire! Gagiez a moy.* So auch anacoluthisch für den Imperativ im abhängigen Satze in der von Tobler, Verm. Beitr. p. 25 citirten Stelle *Je te pri que le celer*; indes ist hier Vermischung mit *de le celer* ebenso gut denkbar.

Der Gebrauch des Inf. jussiv. lebt, wie wegen der Ursprünglichkeit und Natürlichkeit des Ausdrucks zu erwarten ist, in der heutigen Umgangssprache fort, z. B. *boire*; *faire attention*. Jedoch wird er, wie im Neuhochdeutschen, nur in abgebrochener Rede gebraucht.[1])

b) Der Inf. prohibit. fehlt nur in den hispanischen Sprachen. Im Afrz. wurde er neben dem negativen Imperativ sehr häufig verwendet. Sein Gebrauch ist wie im Ital. nur für die 2. Ps. Sg. möglich, z. B. Chev 732 *Garde, ne demorer tu pas*; Alisc 49 *Ami, ne t'esmaier.*

Der Inf. prohib. drückt im Afrz. keine bestimmte Art des Verbotes aus, sondern kann in allen möglichen Fällen zur Anwendung kommen.

Alisc 207 *Ne me mentir, mais di moi verites*; Aiol 3500 *Amis, et dont es tu? ne me mentir mie*; Alisc 3500 *Et dist li quens: „Amis, ne t'esmaier, Je sui Guillaumes, li marchis au vis fier"*; Rois 17 *Ne te tamer (= ne timeas)*; Rois 111 (Commentar) *Ne t'esmerveiller de ço que tu oz*; Rois 1113 *Sire cumpainz, amis, nel dire ja*; Rois 163 *Nu faire, bel frere, nu faire tel sotie*; 165 *Nu faire, bel fiz, ne requier pas*; Th fr 199 *Se tu l'as bien seroi de si a ore, Ne te recroire, mais serf encore*; Adam 8 *A lui seies tot tens encline, nen issir de sa discipline.* Aus diesen Beispielen erhellt, dass der Inf. proh. das Verbot sowohl in gelinder wie in nachdrücklicher Weise bezeichnen kann. Auch im Gebet findet sich der Infinitiv. Rol 2337 *Damnes Deus pere, n'en leissier hunnir France!* Th fr 152 *Torne ton douz visage*; *Pour ma dure deserte El non ton filz, le sage, Ne souffrir que mi gage voisent a tel poverte.* Ebenso in Lebensregeln jeglicher Art, z. E. Lyon Ys 557 *Garde iemais ne consentir a home qui bel sest mentir.*

In der frz. Schriftsprache zeigt sich der Inf. proh., wenn schon vereinzelt, noch im 15. Jahrh. V Test IV 31 285 *Vous dictes vray et n'en parler a personne qu'il soit, vivante*; B Chr

[1]) Die Kenntnis eines solchen Gebrauchs verdanke ich einer gütigen Mitteilung des Lektors Herrn Pillet.

441,3 (Christ. de Pisan) *S'as desciples, ne les reprendre en trop grant rigueur.* In neufrz. gehört er lediglich der Umgangssprache an und wird, wie der affirmative Infinitiv, nur in abgebrochener Rede verwendet: *(Ne) pas faire cela*; *(ne) pas jurer*; *(ne) pas faire de tapage.*

II. Der präpositionale Infinitiv.

Neben dem blossen Infinitiv erscheint der Inf. mit de im Afrz. in der Funktion des Indikativs und Imperativs. Die Präposition à bezeichnet die Richtung, in übertragenem Sinne den Zweck. Wendungen wie *or au cherchier, or à l'assault* lassen sich in demselben Sinne, wie die lat. jussiven Infinitive auffassen, deren Natur sie für den imperativischen Gebrauch befähigte. Wie konnte aber hier die Präposition *de* mit dem Inf. verwendet werden, während sie sonst gerade den Ausgangspunkt und die Ursache bezeichnet? Wollten wir *or del cherchier* und *or de guerra* (s. Diez Gr III 214) absolut fassen, so bekämen wir gerade den entgegengesetzten Sinn: Höret mit dem Suchen auf, gebt den Krieg auf. Dasselbe liesse sich vom Inf. hist. sagen: *et cil de crier.* Man wird es also hier nicht mit einer wirklichen Funktion der Präposition *de* zu thun haben, sondern es muss die Bedeutung des Ausdrucks von einem anderen Elemente gekommen sein. Marcou a. a. o. p. 17 citiert aus der Grammatik von Charles Maupas eine Stelle folgenden Inhalts: *Nous usons aussi de l'infinitif non dependant d'un autre verbe, pour signifier une sudaineté et hastivité d'action. Nous chargeons brusquement l'ennemi, et luy de reculer et nous de le poursuivre. On s'en sert assez en la langue latine. Nous mettons ordinairement la conjonction Et devant puis la proposition De avec un nominatif interposé, ainsi, Il estoit yvre et se laissa tomber, et chacun de rire.* Die nämliche Bedeutung ist auch in den Inf. imper. mit de hineinzulegen. Es fragt sich nun, welches der Ausdruck ist, der auf *de* mit Inf. den Begriff der *sudaineté et hastivité d'action* übertragen hat. Marcou bringt p. 24 *or de faire* mit *or n'iaque de faire* in Verbindung. Wenn er auch in Anbetracht seines aus p. 6 ff. ersichtlichen Gegensatzes gegen die Ellipsentheorie das Wort Ellipse meidet, so laufen seine Erörterungen sachlich doch nur darauf hinaus, dass hier eine in lebhafter Rede verkürzte Form des *or n'i a que de faire* vorliege. Aber erstens enthält dieser Ausdruck zwei Begriffe, die für *or de faire* in Wegfall kommen: *i a* = *remede i a* (vgl. Marcou p. 24 *remede n'i a que d'escamper*) und das ausschliessende, eine Wahl voraussetzende *ne que*. Wer würde aber in *or de faire* den Begriff der Einschränkung und Wahl finden wollen? Zweitens bezeichnen *or d'aler* und *et cil d'aler* eine bestimmte Intensität der Thätigkeit, die durch *or n'i a que de* nicht ausgedrückt wird. Da dies ferner nur für *or de faire*, nicht aber für *et cil de faire* das entsprechende Substrat bieten könnte, so meint der Verfasser, dass *et cil de faire*, — vielleicht weil später auftretend, — aus ersterem durch Ersetzung des *or* durch *et cil* hervorgegangen sei, während man doch den umgekehrten Fall, die Entwickelung des imperativischen Gebrauchs aus der narrativen Funktion erwarten würde. Ich glaube, dass beide Funktionen des Infinitivs mit *de*, die zu einander in dem Verhältnis von Indic. und Imper. stehen, am besten durch Ellipse von *penser*[1]) sich erklären lassen. Danach sind *et cil de garir* und *or del garir* soviel wie *et cil pense (-oit) de garir* und *or pense del garir*. *penser* mit seiner Bedeutung „bedacht sein“ bezeichnet, wie ich Abschnitt III des näheren ausgeführt habe, das eilfertige Eintreten, sowie den eifrigen Verfolg einer Thätigkeit, mit anderen Worten, die *sudaineté et hastivité d'action*.

Beispiele zur Erklärung des Inf. hist.: Mont F I 192 *Li prestre esgarde derrier soi, Et voit acorre le vilain; Quant voit le coutel en sa main, Mors cuide estre, se il l'ataint. De tost corre qas ne se faint; Et le vilains penssoit de corre Qui les pertris cuidoit rescorre.* Man vergleiche damit die von Marcou p. 11 citierte Stelle: Rom. de Renart p. 235

---

[1]) Unmittelbar nach Einreichung meiner Arbeit bei der h. philosoph. Facultät der hiesigen Universität erschien in der Romania (Janvier 1889 p. 204) eine kurze Besprechung der Marcou'schen Dissertation von G. Paris, worin dieser ebenfalls der Ansicht ist, dass das imperativische *or du faire* auf *or pensons du faire* beruhe, aber den histor. Inf. mit *de* von dieser Erscheinung gänzlich trennt.

Atant li autre chien sallirent Qui moult durement l'envayrent; Tenir le cuiderent et prendre, Mais il ne les vault pas attendre; Ains s'en fui sans demorer. Et li levrier après d'aler, Et li venerres de randon S'en va après tout abandon. Si lor eschape, moult li poise. Der Vergleich dieser beiden Stellen ergiebt, dass der Wegfall von *penssoit* in der ersten den Sinn in keiner Weise verändern würde. B Chr 71,8 *Li cuens Guillaumes n'a cure de pleidier. De foir pense et cil de l'enchaucier.* Man könnte hier schon in dem zweiten Satztheile *et cil de l'enchaucier* einen ersten Ansatz zum Inf. hist. finden. Schliesslich sei hier die von Marcou p. 11 angeführte Stelle aus Sept S p. 23 erwähnt. Sie lautet vollständiger: *Et commence à grater. Et le senglier se couche et cil du grater, et li sengliers clot les ieulz et cil descent souef de l'arbre, et ne cesse mie de grater . . . si grate fort à la senestre main.* Das Eintreten der Thätigkeit wird durch *commencer* bezeichnet, das Beharrliche in derselben durch den Inf. hist. und nachher durch *grate fort,* und negativ durch *ne cesse mie* gegeben. Wodurch würde *cil du grater* besser veranschaulicht und vervollständigt werden als durch das Synonym von *ne cesser mie,* durch *penser?*

Der Infinitivus imperativus *or du faire* ist nur ein Spezialfall des hist. Infinitivs. Gleichwohl will ich nachstehend Sätze, die den imperativischen Inf. enthalten, mit solchen, in denen *penser* imperativisch verwendet wird, nach sachlichen Gesichtspunkten zusammenstellen, um auch so den Zusammenhang zwischen beiden zu zeigen Prise de Pampelune 1912 *Or donc dou bien fenir Ce che avons comencie;* Th fr 439 *Or pensons de mettre à effect Le residu.* — Meraugis p. 127 *Et cil qui riens ne va querant, Si joustes et mellees non, Dit au refrain de la chançon: Or du chanter, toutes et tuit;* Nost D I, 6,1570 *C'est bien dit; or pensons de dire le rondel.* — Mont F V, 236 *Dame, fist il, or du gaber;* Th fr 605 *Or avant! pensez de mengier Et faites bonne chiere;* Gayd 117 *Pensez de l'aaisier.* — Th fr 174 *Or du bien faire;* Huon 84 *Or vous proi, Dame, du bien faire pensés.* — Chev as II esp 9420 *Or de l'eerer;* Fier 129 *si pense de l'errer;* Fier

117 *Pensez de l'esploitier.* — Gayd 242 *Or dou deffendre;* Gayd 146 *Or dou ferir;* Gayd 122 *Or dou vengier.* Namentlich Gayd 224 sehr beweisend: *Or dou secorre, par le cors saint Ligier* rufen die einen, und die anderen antworten *(Et cil respondent)*: *Pensez de l'anchaucier*; Aiol 7920 *Penses de bien desfendre;* Fier 150 *Pensons du capler*; Gayd 34 *Frere, fait il, pensez de vos garir*; Gayd 74 *Pensez de l'envair*; Gayd 116 *Pensez de l'enchaucier.* — Fier 116 *Or de l'aparellier*; Alisc 141 *Or tost du chevauchier*; Huon 242 *Penses d'esperoner*; Th fr 630 *Alons penser huimais De nous monter et de le suivre*; Fier 109 *Pensez d'avancier*; Th fr 644 *Penses de vous tost avoier.* Interessant ist auch das folgende Beispiel in dem Refrain eines Liedes der Hs. von Montpellier, Zschr. IV, 297: *Or du destraindre et du metre en prison, Je l'amerai, qui qu'en poist ne qui non,* d. h. „bindet mich nur und werft mich ins Gefängnis, ich werde sie doch lieben". Der imperat. Infinitiv *or du faire* scheint erst in der zweiten Hälfte des zwölften Jahrhunderts aufzutauchen. Aber auch der Ausdruck *or pensez du faire* begegnet nicht viel früher. Den Sinn „bedacht sein" hat *penser* im Rolandsliede noch nicht, dafür steht *estre pourpensé*: Rol 1177 *Pur deu vus pri, en seiez purpenset De colps ferir, de receivre e duner.* *penser* hat lediglich die ursprünglichere Bedeutung: erwägen, gedenken, und verbindet sich noch nicht mit dem Inf. und *de*.

Das spätere Auftreten des Inf. hist. (erst im 13. Jhrh. vereinzelt) erklärt sich wohl daraus, dass die Ellipse beim Befehl, weil dieser in der Rede öfter in lebhafter Form zur Anwendung kommt, als die Erzählung, natürlicher ist.

III.

Der umschriebene Imperativ.

Ich behandle in folgendem nicht nur die imperativischen Umschreibungen im engeren Sinne: *Allez dire, gardez que ne celez,* sondern auch die parataktische Verknüpfung eines imperativischen Nebenbegriffs mit dem imperativischen Hauptbegriff: *Allez (si) dites.* Fast alle hierher gehörigen Umschreibungen sind zugleich fähig, der Aufforderung eine mehr oder minder ausgeprägte Bedeutung zu geben. Einige der umschreibenden Formen sanken in ihrer parataktischen Stellung neben dem Jussiv zu blossen Empfindungslauten herab und können in diesem Falle nicht mehr als Umschreibungen gelten. Ich habe sie als den Imperativ verstärkende Zusätze neben anderen verwandter Art in einem besonderen Abschnitt (VI) behandelt.

Die umschreibenden Verba sind folgende:

a) voloir

1. lat. *velim* mit nachfolgendem Konjunktiv wich dem ebenfalls, wenn auch weniger häufig verwendeten *volo* z. B. *ducas volo hodie uxorem* Ter And 2, 3, 14 (s. Kühner 2, 156). Der Gebrauch von *je veux que* giebt dem Befehle mehr Kraft und Gewicht. Th fr 131 *Et voeil que nous soions ami*; Graal I 241 *Je voil que tu faces tote la volenté*; Th fr 509 *Je vueil que vous buvez*; Th fr 487 *Je vueil que vous le delivrez*; Auc 10,53 *et ja voil je que vos ne tenes (le convent)*; Mont Fabl III 219 *Je vuel bien le conseil aiez*; Rol 1027 *ne voeill que mot en suns;* B Chr 82, 13 *ne voil vers vus ait nul retrait.*

Ein Ueberrest der lat. Construktion velim c. conj. findet sich Sept S p. 42 *et por ce, vueille, que l'en sache que je faz lui destruire.*

2. Die Ausdrucksweise *ne voilles, voillez faire* = lat. *noli (-te) facere* begegnet in älterer Zeit nicht häufig, man scheint sie in lebhafter Rede als zu schleppend empfunden zu haben. Sie gehört daher hauptsächlich der Uebersetzungslitteratur an: Cambr Ps XLVIII, 16 *Ne voilles criendre* (= noli timere); ib. XXXI *Ne voilles estre fait si cume chevals e muls* (= Noli fieri); ib. IX, 33 *Ne voilles ublier les povres* (= noli oblivisci); LXXIV, 4 *Ne voilles felunessement faire* (= Nolite agere). In der freieren Uebersetzung der Livres des Rois ist *noli facere* nicht selten durch *mar* mit dem Fut. wiedergegeben z. B. p. 110 *Mar auras pour* (= noli timere), oder durch den Inf. proh. ausgedrückt: ib. 357 *Nu faire* (= noli facere). Lyon Ys 2267 *Ne uuilles*

querre autre semblance Que celi que te fit nature; ib. 1645 *Garde ne uuilles autrui faire Ce que a toi ne porroit plaire.* Erst im 14. Jahrh. tritt der Ausdruck auch in anderen Denkmälern häufiger auf, z. B. Voir dit p. 101 *Amis, ne vous vueilliez plus plaindre Et me dites vo maladie.* Der Gebrauch findet sich vereinzelt noch bei Molière: *Ne veuillez point nier les choses* (s. Diez Gr III, 213).

Auch die affirmative Umschreibung *voilles, voillons, voillez faire* kommt bis zum 14. Jhrh. sehr selten vor: Lyon Ys 511 *Suer, quar me uuilles abergier tant que me puisse deschargier De cest fes.* Erst mit dem Schwinden der Partikel *car* gewinnt sie grössere Ausdehnung. Mit besonderer Vorliebe gebraucht sie Machaut, und zwar schon in dem neufrz. Sinne einer Höflichkeitsform; und oft genug begegnet man ihr in Th fr und Nost D. Dieser Gebrauch hat sich bekanntlich bis zu diesem Tage erhalten. Voir dit 58 *Et ces II me vueillies envoyer le plus tost que vous pourres*; ib. 62 *Mon tres-dous cuer, vueilliés moi envoier vostre livre le plus tost que vous porres*; ib. 80 *Or vous vueilliez dont conforter Et ne merencholies mie*; Th fr 556 *Vueilliez avoir de moi merci, chiez sire*; ib. 611 *Si vous pri, dire m'en vueilliez*; Nost D I, 7, 758 *Si que, pour Dieu, et soir et main Vueilliez penser de chevauchier;* ib. 875 *Je m'y accors en tous endroiz. Vueillons nostre rondel pardire.* Im Gebet: Th fr 492 *Doulx Dieu, vueilles m'ame deffendre Des ennemis;* Nost D I 1, 248 *Vierge puissant, vueillez garder Le fruit qae je sens dedans moy du Sathan.*

Bisweilen umschreibt auch *deignier:* Lyon Ys 366 *Soverains juges, ce dit ele, Doigniez entendre ma querele;* Trouv Belg I 68, 44 *Car deignissiez consentir Que ce vos fust à pleisir.*

b) aller

Da dieses Verb namentlich in imperativischen Sätzen Verwendung findet, kann es hier nicht übergangen werden.

1) aller mit dem Infinitiv.

Der so umschriebene Imperativ besagt, dass das Geforderte gleich geschehen solle. Mont Fabl I 98 *Alez me achater du poisson;* Mont Fabl III 77 *Si vous alez tost aprester Et metez errant à la voie*; ib. III 148 *Va nous apporter III chopines;* Huon 33 *Ales vous, frere, deslor ce banc seir Et si beves a me coupe d'or fin;* Mont F II 74 *Car alez faire le deduit Le chevalier et ses talents*; Mont F III 61 *Alons une minete querre.*

Bemerkung. Seit dem 14. Jahrh. begegnet ungemein häufig der Ausdruck *alon(s) men.* Th fr 233 *R'alons-m'en devers monseigneur*; 243 *alons m'en au roy sans attente*; 255 *Sa! allons m'en;* 264 *Alons m'en*; *et plus n'atargons;* ebenso 273, 276, 280, 331, 355, 368 etc. Nost D I, 1, 96 *Alons men, sanz plus atargier*; 1, 570 *C'est escript: tenez; Alons mant;* 1379, 1386, 1454; 2, 33 *Sus alon ment;* 2, 1071 *Alons men, Dieu nous soit amis;* 3, 486, 614, 910, 1026, 1084; 4, 1416; 5, 145, 630 etc.; Greban (Passion) v. 1135 *Alons m'en aux champs;* ib. 1240 *Allons m'en voir . . , en quel lieu ilz sont maintenant u. ö.*

Setzt man *men* = *me* + *en,* so kann *me* entweder Reflexivpronomen sein wie in *je m'en vais* oder der ethische Dativ. Das erste ist nicht möglich, da *allons men* stets an mehrere Personen gerichtet ist. Das zweite ist einmal psychologisch seltsam und hat wohl keinen analogen Fall im Frz. aufzuweisen. Ferner muss es befremden, dass dieser Gebrauch blos bei *aller* und keinem andren Verbum stattfinden sollte, und schliesslich erregt es Bedenken, dass *men* niemals voransteht, es also z. E. wohl oft *or nous en allons,* aber nirgends *or men allons* heisst. Erwägen wir, dass im afrz. *en* neben dem Imperativ kaum anders so häufig verwendet wird als gerade bei *aller,* und erinnern wir uns der Nebenformen von *alon(s),* nämlich *alom* (Th fr 16 alom) und *alomes,* so dürften wir folgende Erklärung versuchen. Wird zugegeben, dass in *alum-ent* (Rois 38 u. 78), in *alom en* und in *alomes en* (mit Elision des s; s. Tobler, Versbau p. 61) *m* nicht nasaliert gesprochen wurde, so erhält man für diese typische, wie ein Begriff gefühlte Verbindung die Aussprache *alo-men.* Der etymologisierende Schreiber des 14. Jahrh. schrieb nun nicht mehr *alom en* oder *alomes en,* sondern fügte das *ns* oder *n* von *alon(s)* ein, behielt aber das *m*, das mundartlich noch gesprochen werden mochte, bei und schrieb mit einer dementsprechenden Teilung des Ausdrucks *alons men* oder wie Nost D I 2, 33 *alon men* (beides also *alo-men* gesprochen). Verwandtes geschah in *acreonsmes* Th fr 193 oder in Schreibungen wie *soubzmettre,* in welchem damals b und der sLaut überflüssig waren. Gestützt wird diese Deutung durch den Umstand, dass in den ersten Dramen des Th fr *allons men* sich nicht findet, sondern in demselben erst mit Beginn der eigentümlichen Orthographie der späteren Dramen auftritt. Oder war die Aussprache schon *alonsen,* so könnte sich das *m* (an unrechter Stelle) in Erinnerung der alten Orthographie *alomes* eingestellt haben.

2) aller mit dem Imperativ syndetisch oder asyndetisch koordiniert.

Auch ein so verwendetes *va, allons, allez* drückt ein Verlangen sofortigen Geschehens aus. Bekannt ist dieser Gebrauch aus dem Lat., wo die Imperative von *ire* und *vadere* zu dem Hauptverbum hinzutraten. Plaut Merc 2,26 *i et hoc memento dicere;* Script R L J 312, 9 *Ite et egrediemini foras;* Brand (Jub.) S. 35 *Vade, ora pro nobis.* Rois 46 *Va e fai ço que tei plarrad*; Mont Fabl III 243 *Va, si vuide tost mon ostel;* B Chr 135, 19 *va, sire, tost, si le retien;* 135, 28 *va, sire, tost, retien le moi*; 315, 37 *Va, se di Raoul que il crit le vin*; 370, 5 *va t'en, is fors de ma chapelle;* 426, 34 *Alez et dittes a Phelippe que . . ,* Th fr 207 *Alez, si les me trebuchiez.* Ueber *diva* s. Abschnitt V.

c) faire

Im Lat. war die Construction *fac (ut) venias* die üblichste. Nebenher zeigt sich nur selten die parataktische Stellung des *fac* neben dem Imperativ: Ter Ad V 8, 19 *fac, promitte.* Im Afrz. sind beide Constructionen vorhanden, doch so, dass nunmehr die coordinierte Verbindung von *faire* mit dem Imperativ vorherrscht. *faire* verstärkt den Jussiv vornehmlich in dem Sinne, dass es ein beschleunigtes oder ein intensiveres Thun fordert.

1. *faire* mit dem Conjunctiv.

Trouv Belg II 767 *Or fai dont q'aies karité En l'amour de fraternite*; Th fr 622 *Et faites que vous l'atteigniez*; ib. 570 *Faites que vous aiez aide Et que l'emportez la derriere*; Th fr 489 *Faites que vous soyez paree et revenez sans demouree*; Voir dit 141 *Douce Dame, faites que nous demenions amoureuse vie* (Lasst uns doch führen u. s. w.)

fai, faites wird zuweilen durch *tant* genauer bestimmt; *fait tant que* ist aber seiner Natur nach blos umschreibend, nicht verstärkend. Aiol 2693 *car faites tant, Soies de ma maisnie d'ore en avant;* ib. 2391 *Ahi, glorieus pere . . . Car faites s'il vous plaist, hui por moi tant que . . .*; ib. 6783 *Tant feres or por moi que menres les destriers.* Oder es tritt *tant de bonté* u. ä. mehr zu *fai(tes)* hinzu, dann nimmt die umschreibende Wendung die Form der Höflichkeit an: Mont F V, 10 *Quar me faites tant de bonte Qu'avuec moi venez chies mon pere.*

2) *faire* mit dem Imperativ coordiniert. Es findet sich entweder mit copulativer oder asyndetischer Anreihung. Th fr 287 *Faites, et si vous avoiez*; Mont F II 13 *Fai si entre en cel baig corant* u. ö.; s. auch Abschnitt VI.

Auch hier treten Zusätze adverbialer Natur zu *faire* hinzu: Huon 49 *Or fai dont tost si te va aprester;* ib. 160 *Mais or fai tost et soies apreste;* Mont F III 166 *Fetes tost, garissiez les moi*; Huon 212 *Faites errant, sur ma crupe montes*; Th fr 61 *Fai que sages, reva t'ent;* Huon 237 *He, empereres, et cor le faites bien: Car me carcies de vostres cevaliers;* Gayd 128 *Mais faites bien, son harnois li randez;* Men Reims 263 *Faisons le bien: mandons au garnisons;* Huon 71 *Or me faites bonte: Les chevaliers . . . S'il vous plaist, sire, vous les me presteré.*

3) *fai, faites* mit dem Infinitiv.

Ueber diesen Gebrauch handelt Tobler, Verm. Beitr. p. 19 ff.

d) Die Verba des Besorgens und Verhütens.

Im lat wurde der Imperativ vorzugsweise durch *curare* und *cavere* in diesem Sinne umschrieben. Da beide Verba dem Frz. nicht erhalten blieben, so traten andere sinnverwandter Art an ihre Stelle, nämlich *penser* und *garder* zur Verstärkung des affirmativen Imperativs, *garder, n'avoir cure (soing)* u. ä. zur Verstärkung des Prohibitivs.

I. Die Umschreibung des affirm. Imp.

1) *pensez de faire.*

Dieses Verbum bezeichnet allgemein ein erhöhtes Interesse für eine Thätigkeit, die man ausübt, z. B. Mont F I 192 *Et le vilains penssoit de corre Qui le pertris cuidoit rescorre.* Demnach wird in der imperativischen Umschreibung mit *penser* gefordert, dass ein Thun mit bestimmter Intensität stattfinde: *penser* wird hier entweder den eifrigen Verfolg oder das eilfertige Beginnen einer Handlung oder beides zugleich bezeichnen. Th fr 634 *Or pensez de vous entreamer;* Rose V, 52 *Taisies, taisies, taisies, taisies, Penses de vos langes tenir;* Fier 129 *Va, monte el dromedaire si pense de l'errer;* Huon 136 *Sire, dist Hues, penses du devisser, Pres sui de faire toute vo volente;* Aiol 7445 *Penses de bien desfendre.* Die durch *bien* bezeichnete Intensität wird durch penser noch vermehrt. Ebenso: Alex (14. Jahrh.) 154 *pensez de bien ouvrer;* Alex (H) 230 *Or nos joignons a Dieu par bon entendement, de bien faire pensomes, de vivre justement;* Alex (13. Jahrh.) 244 *pensez de Dieu servir;* Th fr 253 *Sà! pensons de nous esmouvoir;* Th fr 227 *Nous sommes a fin de ce plait: pensons d'aler;* ib. 479 *Or pensons de mettre a effect Le residu;* ib. 630 *Avant! alons penser huimais De nous monter et de le suivre;* Mont F IV, 2 *Sire, dont penses del couchier Et si moves sans nul sejor;* Fier 150 *N'aies soing d'esmaier, mais pensons du capler;* Th fr 625 *Or avant! Pensez de manger Et faites bonne chiere, dame.*

2) *garder* mit dem Kunjunktiv.

Es hat die Bedeutung: Sorge tragen, zusehen. Men Reims 265 *gardez que vous dites voir;* Gayd 24 *Le matinnet gardez que si soioiz;* Clig 184 *gardez que mout soiiez larges Et cortois et bien afeitiez;* Alisc 105 *or gart cascuns demain soit aprestes*; Rose I, 168 *Gar que tu soies repairies Anceis que jors soit esclairies.*

II. Die Umschreibung des negat. Imper.

1. garder.

Die Constructionen, die es eingeht, sind:

a) *garder* mit folgendem *(que) ne:* Mont F III 185 *Si garde que mais ne te voie*; III 237/38 *Garde que plus la main n'i metes*; III 261 *Or gardes que n'en parles mais*; Gayd 16 *Gardez, biaus sire, que vos ce ne fasois*; Th fr 412 *Gardez que riens n'aiez laisse Ne retenu.*

b) *garder* mit *de* und dem Infin. findet sich im Afrz. nicht oft: Th fr 328 *Or vous gardez d'aler en lieu Ou il n'ait bien seure voie*; Chev 5016 *Mes gardez vos de trop tarder*; Chev 1320 *Mes gardes vos de dire outrage*

c) *garder* mit dem blossen Infinitiv ist mir nur einmal begegnet: V Test IV 31102 *Garde faire euvre de nature A ceste doulce creature Ou tu ne seras droit seigneur.*

d) *garder* steht losgelöst vor dem Prohibitiv: Mont F III 95 *Mes garde n'i demeure mie*; Huon 81 *gardes ne me celes*; Alisc 72 *Gardez n'i demores*; Huon 44 *gardez n'i arestes*; Alisc 229 *gardez mais n'en parlez;* Rol 650 *Guardez de nuz ne turnez le curage;* Chev 1308 *Gardez ne vos movez por rien;* Huon 295 *Or gardons bien ne disons fausete;* Lyon Ys 1645 *Garde ne uuilles autrui faire ce que a toi ne porroit plaire.* In dieser paratactischen Stellung erscheint *garde* nahezu adverbiell. Dieser Charakter tritt noch deutlicher hervor in der Stellung des *garde* neben dem Inf. proh.: Elie 187 *garde ne me mentir;* Huon 181 *garde ne me celer;* Chev 732 *garde ne demorer tu pas;* Huon 15 *Amis, c'aves? gardes ne me noier.*

e) Rein adverbiell erscheint *garde* da, wo es neben einem Prohibitivus im Plural zu stehen kommt. Im Plautus findet sich *cave* einmal in dieser Verwendung: *cave dirumpatis* (Kuehner II 40,2). Im Afrz. ist diese Anomalie ebenfalls selten: Fier 104 *garde ne me celes;* dieselbe Wendung Fier 104.

f) *garde* mit anakoluthischem Satze z. B. *garde que tu n'en mengier.* Hierüber wird Abschnitt IX des Näheren gehandelt werden.

2. *n'avoire cure (soing), ne caut* u. ä mit *de*, seltener mit *à* und dem Infinitiv. Aiol 169 *N'aies cure d'autrui feme enamer* (verliebt Euch nur ja nicht); Huon 199 *Fier, vien avant, n'aiez soing d'atargier* (u. ö.); St Brand (Jub) 108 *n'aies cure de passer outre, retornes là dont vous iestes chi estes;* ib. *N'aies soig d'enquerre dont je soie ne de men non.* Alex (H) 772 *Ne vous caut d'esmaier*; ib. 301 *Ne ja n'en aies cure à amer n'a parler;* ib. 552 *Ne t'en caut a douter;* Men Reims 271 *Par foi, dist li rois, or n'i a que de l'assaillir*; ib. 75 *Sire, or n'i a mais que dou hasteir la besoigne.*

IV.

Imperativische Fragen und Assertionen.

1. Ein Befehl, eine Aufforderung kann durch die meist verwunderte Frage nach dem (im Sinne des Redenden nicht vorhandenen) Grunde des Gegenteils ersetzt werden. Chev. 6454 *Estez, fet messire Yvains, tuit! Por coi fuiez?* Rol 286 *Tut fols, pur quei t'esrages?* Alisc 76 *Por quoi le faites? Ne le deves celer;* Brand (Jub) p. 129 *Que demandes? nel ses-tu bien Que dix t'a relevé ce bien . . .;* Sept S 34 *Avoi! fet messires Lantules por coi dites vos ce?* B Chr 448,32 *Pour quoi ne faiz tu vivre en plours . . . et tu donnes par tout plaisance?* Rois 27 *Purquei ne diz al pople qu'il cest à enchalcer*; Huon 67 *Sainte Marie! que ne vous pourpenses!* Huon 132 *Hues, que ne cornes?* Aiol 7759 *Baron, venes avant, por coi nes assalles?* Men Reims 48 *Comment, sire, comment ne metez vous le nostre seigneur caienz si comme vous devez?* Desgleichen Verwunderung über das Zaudern: Aiol 2209 *Ales prendre les dras, por qu'atendes?* 8348 *Por coi t'esmaies tu?* Huon 53 *Baron, dist il, por coi vous detries? Ales ensanle*; Rol 192 *Por quei targiez? pur quei venez plus tart que li altre*; Rol 1783

Kar chevalchiez! Pur qu'alez arestant? Aiol 2209 *Baron; issies cha fors! c'ales vous atendant? Apor!es le mengier,* Mont F III, 162 *Et qu'alons nous ore atendant?*

In sehr lebhafter Rede konnte die Frage sich mit dem Imperativ in unlogischer Verbindung verschmelzen. Ein solcher Fall trat ein mit lat. *quin dic* und, wie man wohl annehmen muss, in einer vorroman. Verbindung von *quare* mit dem Imperativ (s. *car* Absch. VI). Das Afrz. bietet ausser dem imperativischen Gebrauche von *car* auch sonst noch vereinzelte Fälle dieser syntaktischen Assimilation: Adam 82 *Mort que me pren? Ne suffret que je vive*; Alisc 199 *Par tot le monde l'ai je cherchie et quis; Que croi Mahon qui est poesteis.* Es ist rein objectiv nicht zu entscheiden, ob *que* = *c'or* oder = *car* zu nehmen ist. Die erstere Möglichkeit würde uns eine Functionsübertragung bieten, wie wir sie bei *cor* und *mar* beobachten können (s. diese Absch. VI und VII). Die zweite ebenfalls berechtigte Möglichkeit ist eine wirkliche Verschmelzung zweier Vorstellungen: *Mort que me pren* aus *mort que (me laisses vivre* oder *targes de moi prendre) pren moi*; *Que croi Mahon* aus *que te renies? croi Mahon* oder *que targes de croire M.? croi M.* vgl. *car* Abschn. VI.

Die afrz. Verwendung von Fragen in imperativischem Sinne spiegelt den nämlichen Gebrauch in volkstümlichem Latein getreu wieder. Ich erinnere nur an *quin narras? quin narra,* an typische Wendungen wie *propera quid stas, eamus quid stas.* Im spätlat. sind Fragen mit *quare* sehr beliebt.

2. Die Frage nach der Thätigkeit selbst, die statt des Befehles ein ungeduldiges Fragen nach der Ausführung setzt. Plaut Trin IV 2,989 *Abin hinc ab oculis?* — V Test IV 31097 *Sus, tost en voye! Me le faictes vous deux fois dire?* Mont F II 117 *Seur votre foi, me direz-vous De vostre cheval verite?* Chev 1761 *Viax tu donc, fet ele, noier Que par toi ne soit morz messire?* Men Reims 301 *Laires vous ainsi mourir mon seigneur vostre fil en estranges contrees*; Huon 247 *He! Hues, sire, laires me vous tuer? car vous soviegne de la grande bonte*; V T IV 30383 *Vous tairez vous pas? Il me plaist qu'il passe le pas De mort, sans plus y discerner.*

3. Fragen, welche von den Zeitwörtern *oir, entendre, voir* und *savoir* gebildet sind:

Diese bezeichnet E. Becker, De Syntaxi Interrogationum Obliquarum, Studemunds Studien I, 1, 26 als „adulterine“ Fragen: *„Enuntiata audin, viden, scin non semper verae interrogationes sunt quae significent audisne an non audis? etc., sed saepius formam interrogationes indutae aliusmodi enuntiati natura ac vi utuntur: itaque „adulterinae“ a nobis vocentur.* Der häufige Gebrauch dieser Verba in Frageform lässt sich aus ihrer begrifflichen Natur erklären. Es mangelt dem Befehlenden die nötige Erkenntnis dafür, dass der von ihm geforderte Vorgang des Selbstbewustseins (wissen) oder der sinnlichen Wahrnehmung (sehen, hören) auch wirklich stattfinde, da es sich in allen solchen Fällen um eine für andere nicht wahrnehmbare Empfindung handelt. Man kann wohl jemand, den man dazu auffordert, gehen, schreiben u. s. w. sehen, aber nicht von selbst wahrnehmen, ob jemand sich einer bestimmten Sache bewusst ist, oder etwas Bestimmtes sieht oder hört. Daher pflegt man zu fragen.

oir, entendre.

Es wird gefragt, ob die Aufmerksamkeit vorhanden ist, anstatt sie direkt zu heischen. Plaut Men 29 *Audin tu ut deliramenta loquitur?* Mil glor IV, 8, 1314 *audin Palaestrio? — Quid vis? — Quin jubes tu . .* Trin III 3799 *Servos ancillas amore: atque audin? — Quid est? — Uxorem quoque eampse hanc rem uti celes face u. oft.* — Alex (12 Jahrh.) 909 *os tu, serjans, qui tant jour m'as servi, Dius et sa mere le te puisse merir*; Th fr 142 *Quar tu n'es pas mes anemis, os tu Sathanz?* ib. 143 *Met-li ta richece a bandon, ne m'os-tu pas? Je te ferai plus que le pas venir, je cuit;* Mont F II 61 *Oz tu? Di va, fait il, escoute;* Wace, S. Nicol 1440 *Pois li a dit: or (l. oz) tu, amis, Jo t'ai fait ceo que tu quesis*; G de Coincy, Nost D v. 763 *Et se li dist: Oz tu, Marie? N'aies peour, ne douter mie*; V Test IV 34227 *Que le corps hors d'icy on traine Hastivement, entendez-vous?* 35695 *Or sus, faictes lay transporter Au pie de l'arbre, entendez-vous?* 29105 *Il fera la correction De vous tous sans exception se commectez aucun desroy,*

Entendez-vous? Auch prov. Peire Card M W. II 203: *Aus tu que cantas las messas E fas a dieu tas promessas? Si no so sanas tas pessas, Obras a toa dampnamen,* und so die gleiche Frage an andere Personen durch das ganze Gedicht wiederholt. Damit fällt die Schwierigkeit, welche Gaston Paris, Alex 121 in der Beurteilung von *os tu* in folgenden Sätzen zu sehen glaubt: Best S. 90 *Mais os tu, hom de dé, entent auctorite et oies escripture;* ib. *Et os tu, hom de dé, ceo est auctorité.*

Demnach wird man auch in Fällen, wo das Pronomen fehlt, eine Frage vermuten dürfen. Mont F I 132 *Os, fet li vilains, bele suer, Que noz prestres a en convent;* Alisc 147 *Li uns a l'autre le comence a conter: os del deable, com il set sermoner?* Mont F V, 47 *Oz du musart Que plus li desfent et plus art?* Mont F V, 47 *Fui, fous, dit ele, fui lechierre. Oz ton seignor?* Eust Moine (Tobler V. B. S. 16) *Ois de fil a putain bedel?* Daher ist in Alex 14a *oz mei, pulcele; celui tien ad espos Qui nos redenst de son sanc precios, oz* weder mit Suchier Zschr. III, 150 als Indic. mit imperativischem Sinn, noch, wie G. Paris Rom. VII, 621 nach dem Vorgange von Cornu ib. 361 meint, als wirklicher Imperativ (durch Wandlung des *dj* von *audi* in *z*), sondern als Frage aufzufassen. — Ich verweise im übrigen auf Tobler Zschr. II, 628, der *os* als Frage erkannte; jedoch möchte ich es nicht mit ihm für eine verwunderte Frage halten.

voir.

Petron 182, 1 *vides, quod aliis leporem excitavi?* Plaut Trin IV, 2 (847) *viden egestas quid negoti dat homini misero male* (sehr oft). — Mont F II, 169 *Vois, fait il, maugrés en ait Dix! Comme je suis mes mausoutiex Quant je fui onques maries, Com bien en sui ore amendes;* Mont F II, 165 *Vois, par le teste Dieu, fait-il, coment me poroie tenir;* Th fr 88 *Vois, que maistre Adans fait le sage Pour che qu'il doit estre escoliers;* Th fr 180 *Vois con il mengue s'escume et saut et estinchele et frit; Tien le seur la langue un petit;* Elie 1472 *Galopin, dist Elyes, vois quel feme chi a!* M Fabl III, 62 *Et je VII, voiz comme or l'ai bone:* Mont F IV, 101 *Vois, fet il, du larron prove!* IV, 107 *Vois come il pent a cele branche;*

C'est il, nel mescreez vous pas; V, 236 *voiz com cele garce se muet;* V, 76 *Vois, fet il, comme il m'a pres point Qu'il m'a passé d'un tont seul point*; Tobler Mitt 105, 33 *Vois come est biax et gens et ademis.*

Anderer Art sind die folgenden Fragesätze, in welchen *voir* ein nominales Objekt hat, von welchem dann in einem besonderen Hauptsatze etwas ausgesagt wird. Adam 28 *Vez-le-tu là, Çolui tres-bien devia;* ib. 80 *Veez tu le signe de grant confusion? La terre sent la nostre maleiçon*; Elie 305 *Vois tu or cel plaiscie lonc cel bos en cel pré? Iqui est mes repaires et ichi fui je nes*; ib. 365 *Vees vous ce vasal qui le tertre en avale? Mont se fait orgellous et hardis par ces armes;* Huon 19 *Vees vous la les moines de Cluigni*; *Il s'en vont droit le cemin de Paris;* Rou II 9526 *Veiz tu, dist il, cel rochier la? Bels est li lieus*; Elie 2456 *Vois la I vasal qui revient d'outre mer? Car alons a la porte savoir et demander.*[1])

savoir.

Auf den Fragesatz, der von *sais, savez* eingeleitet wird, folgt eine Behauptung, die den Inhalt des zu Wissenden enthält. Petron 70, 15 *Mox silentio facto scitis inquit, quam fabulam agant? Diomedes et Ganymedes duo fratres fuerunt* etc. Graal I 225 *et sez tu quel guerredon tu auras? tu en auras . . . joie pardurable;* Graal I 226 *Et sez tu que tu as gaaignie? tu i as gaaignie* etc. B Chr 366, 30 *Savez comment je me demain: L'esperance le lendemain Ce sont mes festes;* B Chr 353, 16 *Savez que nous ferons? Ge lo que nous le cuer d'un porcel en portons;* Nost D I 2, 455 *Et savez vous que nous ferons? Si tost que le congié arons Nous irons.*

Auf den Fragesatz folgt ein Befehl: Plaut Pers 154 (I 3, 74) *sed scin, quid facies? cape Tunicam* etc. Huon

[1]) Hier sind zu unterscheiden solche Sätze, in denen sich an *vois* ein Accusativobjekt anschliesst und solche, wo eine indirekte Frage oder ein Hauptsatz folgt. Für den letzteren Fall kenne ich kein Beispiel mit Subjektpronomen nach *vois*; daher wäre es hier möglich, das *vois* als Assertion zu fassen, wenn schon weniger natürlich; auch spricht die Analogie des *viden* im lat. und des *oz (tu)* für Annahme der Frage.

167 *Saves que vous feres? Ens le palais a mon pere ires*; Jourd 367 *Savez voz, sire, que je voz voil proier? Que voz le fil dant Girart ne boissiez* u. ö.

Imperativische Assertion

haben wir in dem Gebrauch von *voiz*, worüber s. p. 63 ff.

V.

Der interjectionale Imperativ.

I. Das Verb *aller*.

allons, allez, va

haben in häufiger asyndetischer Stellung neben dem Imperativ allmählich den Charakter von Interjectionen angenommen. Sie treten als ermunternde Zurufe zum Imperativ. Beispiele sind Abschnitt VI gegeben.

va in Verbindung mit *di*.

Am häufigsten tritt *va* zu *di* hinzu, um die durch *di* ausgesprochene Bitte mehr oder minder nachdrücklich zu gestalten. Aehnliche Verwendung zeigt in vulgärem Deutsch der Imperativ „geh". Chev 326 *Va, car me di, Se tu es boene chose ou non;* Th fr 177 *Di va, vilains, se tu i crois.*

Als Composition, aber wohl noch mit Bewusstsein ihrer Bestandtheile wird *diva* in folgenden Sätzen angewendet. Gayd 28 *Diva* (sag', ich bitte), *com se contient Gaydons?* Mont F 190 *Diva, sont cuites les pertris?* ib. V 77 *Diva, fet il, ou sont ale les ames*; Auc 29, 6 *Diva fau! Que fais tu ci?* Fier 103 *Diva, comm' as tu non?*

Der verbale Character von *diva* verblasst, wenn auch die ursprüngliche Bedeutung noch erkennbar ist. Seine interjectionelle Natur zeigt sich hier darin, dass es entweder zu einem Plural der Anrede hinzutritt: Mont F IV 55 *Diva, diva, ou alez vous?* oder pleonastisch verwendet wird: Mont F III 238 *Diva, fet ele, et quar me di*; Mont F I 6 *Et tu, diva, di, fax noienz, Tu ne sai pas, vaillant un pois;* Mont F III 94 *Diva, fet il, or di ne ment.*

Auch der ursprüngliche Sinn schwindet schliesslich; es wird nicht mehr eine Mitteilung, sondern allgemeiner das Zuhören des andern gewünscht, und in dieser Eigenschaft ist *diva* geeignet, zum Ausdruck der verschiedensten Empfindungen zu dienen.

Oft steht es exclamativ beim Imperativ oder Prohibitiv, ermunternd oder abmahnend: Aiol 2874 *Diua, lai l'ent aler sans delaier*; ib. 3613 *Diua! car uien ueir le cloatier*; Chev 728 *Diva, fet il, apres moi vien La fors, et mes armes m'aporte*; Th fr 199 *Diva! biaus crestiens, tais te, ne pleure;* B Chr 474, 42 *he dea, sire, au moins laissez moy avant dire et faire mes conclusions.*

Es drückt ferner Verwunderung, Staunen, Unwillen und Verachtung aus: Th fr 433 *Dya! que tu parles haultement Et si es en nostre dangier;* Mont F I 215 *Qu'est-ce, sire prestres? Diva, me volez-vous plus travaillier?* V Test IV 33823 *Dea! Salomon aura il la mestrie Par dessus nous?* Th fr 356 *Voire dya? allons y.*

Es dient schliesslich gleich einem Adverbium zur Bekräftigung oder Versicherung, oder ergänzt eine solche: Th fr 316 *Dya! je ne sai murdrier ne lierre;* V Test IV 35269 *Haa! dea, dea, je voy bien que c'est*; B Chr 435, 17 *Voire dia et par sainte crois, De cy n'yras mais plus avant*; V Test IV 31445 *Ouy dea! point ne me desplait;* Th fr 313 *Non dya! Et comment a-il nom, Biau filz, ce Dieu, dont me parlez?*

Aus der Bedeutung „freilich, allerdings“ entwickelt sich der conjunctionale Gebrauch von *diva* im Sinne einer Einschränkung: indes, jedoch. V Test IV 30200 *Et si vous donne en marriage Ma fille Michol*; *dea pourveu que . . . trouverez façon et moyens Cent membres des Philistiens M'apporter.*

Im Neufrz. haben sich bekanntlich die Verbindungen *oui-da, non-da* und *nenni-da* in familiärer Sprache erhalten.

va für *diva* eintretend.

va konnte infolge seiner häufigen Verbindung mit *di* auch selbständig dessen Functionen übernehmen und wurde in dieser Eigenschaft gewöhnlich in den Satz eingeschaltet. Elie 384 *Jes tu, va, crestiens de la maluaise geste U se crois*

Mahomet? Aiol 7835 *Que viens tu, va, ami, por Dieu qui ne menti*? Mont F I 270 *Dors-tu, fet il, va, Rogelet*; Fergus 63, 5 *Qui es tu, va, caitis, dolent Qui cele guinple et cel cor tiens*? u. öfter.

va in verächtlichem Sinne.

Die Verwendung von *va* in Sätzen wie: Mont F III 63 *va, si te pent*; III 239 *va si te noie* führte zu seinem exclamativen Gebrauche in verächtlichem Sinne; vgl. ital. *via*, lat. *abi*. Dieses hat sich in derselben Weise entwickelt. Terent Andr II 520 *abi cito, et suspende;* Th fr 170 *Va, va, mar vit le pies le dent*; Mont F III 62 *Va, fet il, male mort t'acore, Hoche le de, ne laisse mie;* Gayd 286 *Va, glouz, dist Naymes, Des te doinst deshonor;* Alisc 183 *Va tu, dist il, ja Dex bien ne te face*; Greban (Passion) 10711 *va, Sathan, Dieu te puist maudire*; B Chr 356, 4 *Va a diables, sote teste, tu ne sez que tu dis.*

II. *tenir.*

Die ursprüngliche Bedeutung des Hinnehmens, Empfangens ist noch deutlich genug in folgenden Sätzen: Th fr 89 *Tenes, et mengies ceste poire;* 90 *Tenes, mengies donc ceste pume*; 617 *Tu aras ce denier d'or, tien, fay toy bien aise;* Voir dit 62 *Tenés, je la vous baille*; Mont F I 74 *Tien, je t'en doing; apres m'en donne.* Indes zeigt schon *tien (tenez)* das Wesen einer Interjection, insofern kein Object hinzu tritt. Wir können es mit „hier" wiedergeben.

Rein interjectionell treten diese Imperative da auf, wo sie auf etwas hinweisen, ohne dass damit der Wunsch eines Empfangens oder Entgegennehmens verbunden ist: Th fr 131 *Che sont muses, Que je pris a chele vilete: Tien, esgar con bele cosete!* Mont F III 159 *Tenez, je vous plevis ma foi Que jamais ne vous toucherai.* In diesem Sinne tritt es zuweilen pleonastisch zu *voici* hinzu: Th fr 287 *Tenez, vescy qu'il vous envoie*; Th fr 289 *Vez ci, sire, Ygnace, tenez, tout nu en braies.*

Auch kann es als Zuruf in der Bedeutung „halt!" „hör' mal!" zum Imperativ treten. Mont F III 171 *Tien, va, fait il, isnelement;* Huon 193 *Tenes, fait il, cesti me porteres.*

III. Die Verba *entendre oir.*

enten.

Dieser Ausdruck ist mir nur einmal in pleonastischer Verwendung neben dem plur. *oiez* begegnet: Gayd 124 *Gaydes, enten, oiez que noz dironz.*

os.

Wie *vois,* das wir weiter unten behandelt haben, konnte auch das fragende *os* seiner verbalen Natur leicht verlustig gehen und als blosser Empfindungslaut fungiren: Auc 22, 15 *os por le cuer be! fait cil. Por quoi canteroie je por vos, s'il ne me seoit?* 24, 40 *Os! fait cil, por le cuer que cil sires enten sen ventre! que vos plorastes por un cien puant.*

aoi, avoi.

Den bisherigen Deutungen dieser beiden Wörter (vg. Rol Anm. zu v. 9 und Diez Et. W. unter *avoi*) reihe ich noch die folgende an, die mit der Genin'schen Erklärung lediglich darin zusammengeht, dass sie wie diese *avoi* und *aoi* mit einander in enge Beziehung bringt. Könnte man nicht das bekannte *aoi* des Rolandsliedes als eine Verbindung von *a* + *oi,* d. h. einer Interjektion mit dem Imperativ von *oir* = o höre! auffassen? Ans Ende einer Tirade gestellt, soll es doch wohl den Zweck haben, die Teilnahme noch nachträglich für das Bedeutsame oder Tragische des eben Erzählten zu erregen. Vielleicht wird ferner der Thatsache, dass *aoi* sich sonst im Afrz. nicht zu finden scheint, das Befremdliche genommen, wenn man in dem später auftretenden *avoi* eine Fortbildung desselben erblickt. Der Mangel der von Diez gegebenen Deutung liegt darin, dass auch im Normannischen, wo wir für *a* + *vide avei* erwarten müssten, *avoi* verwendet wird, z. B. *Avoi, funt il, franc duc corteis, Qu'est ce dunt tu nos aparoles* Ben II 23528. Dagegen ist die Einschiebung eines *v* Lautes behufs Erleichterung der Aussprache nicht so ganz ohne Beispiel. Ich erinnere an *parevis,* das aus *pareis, paredis* hervorgegangen, ebenso an *pleuvoir* und *gravir.* Mag man nun *aoi* im Rolandsliede anders deuten, — und ich gebe zu, dass neben der sachlichen Erwägung meine Konjektur durch nichts gestützt wird — so halte ich es doch für wahrscheinlich, dass *avoi*, da es nicht *a* + *vide* sein kann, aus dem sinnverwandten *a* + *audi* sich entwickelte Aus der Art seiner Anwendung im Satze erhellt zur genüge, dass alle seine Bedeutungen sehr wohl auf den Sinn von afrz. *oir* zurückgehen können.

a) *avoi* in Frage- und Aussagesätzen.

Sept S p. 54 *Avoi! dame, fait li empereres, qu'est ce que vos dites? Avois, chastelains, et comment Quidies vous estre si secres Que* . . (Burg II 397) Ben II 23528 *C'en fu la reponse as Daneis: Avoi! funt-il, franc duc corteis, Qu'est ce dunt tu nos aparoles? Tot apertement nos afoles;* Auc 2, 36 *Avoi peres! fait Aucassins. Ou est ore si haute honors en terre, se Nicolete l'avoit qu'ele ne fust bien enploiie en li?*

Der Sinn von *avoi:* o höre! hör' einmal ist hier wohl erkennbar. Fast allen Fragen ist zugleich unmuthige Verwunderung (s. Diez) beigemischt, welche in der Interjektion *ha* ihren direkten sprachlichen Ausdruck hat.

Das Gefühl des Unmuts und Missfallens tritt noch deutlicher hervor in folgenden Sätzen: B Chr 265, 26 *Avoi, dist li hom, tu as tort*; (höre doch = lass es dir gesagt sein) *Ie t'ai garanti de le mort et tu me vols geter de vie?* Ferg 14, 12 *Avoi, sire! par saint Mangon, fait li dame, vos aves tort;* Auc 10,46 *Ba! Quex covens, biax fix? — Avoi, pere! Aves les vos oblies?*

b) *avoi* beim Imperativ.

Es fordert zum Aufmerken auf das, was befohlen oder verboten wird, auf und dient so als ermunternder oder abmahnender Zuruf. *Avoi! funt il, sire, entent nos* (Burg II 397); *Avoi! lion, ocies Flore* (Burg II 398); Mont F III 97 *Avoi, bele suers debonere, Ne soiez pas vers moi si dure;* Ferg 23, 25 *Avoi, biau sire! dist li rois, Ne commenchies pas tels desrois;* Nost D I 5, 49 *Avoi por Dieu, nu dites mie;* ib. 5, 45 *Mar le dites; biau sire, avoi! Mieux voldroie perdre la vie.* In imperativischer Frage: B Chr 235, 26 *Avoi, fait Blanceflors, Claris, por coi si griement m'escarnis?* So sehen wir, dass *avoi* dieselbe Funktion beim Imperativ ausübte, wie das sinnähnliche *diva*.

IV. *ecce* und seine Vertretung im afrz.

Ueber die Geschichte des lat. *ecce* hat Köhler, Wölfflin's Archiv 5,16 ff. gehandelt; über die frz. Formen s. Diez Et. W. unter *ecco* und Gachet, Gloss unter *es*.

Die lat. Sprache besass ausser dem einfachen *ecce* Verbindungen desselben mit pronominalen Accusativen: *eccum*, *eccillum*, *eccistum*; ferner *ellum* = *en illum*; vgl. Terent Andr 5, 2,14 (855) *Nescio qui senex modo venit, ellum, confidens catus.* Auch konnte nicht blos zu *eccum*, wie Köhler meint, sondern auch zu *eccillum* (und *ellum*) ein neues Object resp. Subject hinzutreten: Plaut Trin III 1 (622) *Set generum nostrum ire eccillum video cum adfini suo.*

1. *ecce* setzt sich im afrz. *es* fort.

Andre Formen von *ecce*, die ausschliesslich der geistlichen Litteratur angehören oder aus ihr zu stammen scheinen, sind *ekevos*, *ellevos*, *estevos*.

2. *eke* ist unzweifelhaft = lat. *eccum*, ital. *ecco* Es findet sich nur in den Sermons de St. Bernard; s. Roman. Forschungen II p. 7,3 *Eykevos cist vient saillanz ens montaignes et trespessanz les tertres.*

3) *elle(vos)*, das etwas häufiger erscheint als *eke*, möchte ich anders deuten als Burguy Gr II 286 ff. im Anschluss an die Diez'sche Erklärung bezüglich des span. *elo* that. Es wäre wunderbar, wenn ein lautlicher Vorgang wie die Assimilation von *es* + *le* zu *elle*, die Burguy annimmt, und damit die Verbindung eines solchen *elle* mit einem neuen Object oder Subject nur in Job und Greg stattgefunden hätte. *elle* ist, wie *eke*, *gierre* u. a. ein antiquierter Ausdruck der Kleriker und aus *en illum* entstanden. Dieses existiert als *ello* auch in einigen ital. Gebieten neben *ecco* und *esso* (aus *en ipsum*); s. D'Ovidio in Groeber's Grundriss I p. 506 Anm. So möchte ich auch das span. *ele (elo, ela)* aus *en illum (-am)* ableiten. Wenn dem gegenüber *etele (ec-te-le)* gesagt wird, so verweise ich auf ital. *eccotelo* neben *ello.* Schon Diez Gr II 468 stellt span. *elo* zu lat. *ellum*, während er im Etym. W. es aus *ec-le* herleitet.

ellevos kommt meines Wissens nur im Job z. E. Rois 490 *Ellevos sa sperance lo deciuerat* und Greg vor, z. E. 6,7 *Ellevos certes or sui horteiz des fluez de la grande meir (ecce etenim* etc.*)*; 22,12 *Ellevos ie toi siurai (ecce ego)*; 22,15 *Quant ellevos il voit (ecce conspicit)* u. ö.

4. *estevos* erwähnt Diez Et. W. nicht, dagegen *estes vos*, zu dem er bemerkt, dass man es als Plural mit Verbalflexion zu *es vos* gebildet habe. Die Thatsachen ergeben etwas Anderes: *estes* ist eine jüngere Form von *este*. Es ist zunächst zu constatieren, dass Alex, Rol, ferner Ben, Amis, Jourdain und andre Denkmäler des 12. Jahrhunderts nur *es* kennen. Erst gegen Ende desselben scheint *este* ausserhalb der Uebersetzungslitteratur üblich geworden zu sein. Dagegen ist es in geistlichen Texten schon in der ersten Hälfte des 12. Jhrh. verwendet worden. Wie Greg und Job nur *ellevos*, Bern nur *ekevos* hat, so gebrauchen Cambr Ps und Rois ausschliesslich *estevos*. Nur je einmal haben diese Texte *estes*: Cambr Ps CXXX 1,6 *Eistesvus (ecce) nuns öimes icelui*; Rois 64 *estesvus Goliat ki en vient*. Somit ist sehr wahrscheinlich, dass *este* ursprünglich der Sprache der Kleriker angehörte und durch seinen häufigen Gebrauch in biblischen Texten in der Sprache des gewöhnlichen Lebens Eingang fand. Auch *este* oder *est* (in *estvus*, *estous*) ging meines Erachtens gleich frz. *elle*, ital. *ello* und *esso*, aus der Verbindung des Pronomens mit *en* hervor, also aus *én istum (énstum)*, was um so wahrscheinlicher ist, als ja gerade das Pronomen *iste* für das gallische Sprachgebiet so charakteristisch ist.[1])

Wir haben bereits vorhin im Cambr Ps und Rois die erweiterte Form *estes* angetroffen. Die Hinzufügung des s ist entweder auf die adverbiale Auffassung von *este* zurückzuführen oder durch den Einfluss des folgenden *vous* zu erklären.

Der Gegenstand, auf welchen die Aufmerksamkeit sich lenken soll, wird nach *es* meist durch Accus., aber auch durch

[1]) Indes ist die Herkunft des *este* von der lat. so häufig gebrauchten Verbindung *ecce tibi* (it. *eccoti)* nicht undenkbar. Zu dem nicht mehr verstandenen *este* trat dann, wie zu lat. *eccum, eccillum* ein neues Object, ein neuer Dativ (*tei, vos*) hinzu.

Nom. oder selbständigen Satz ausgedrückt. Alex 46 *Es me, dist il, qu'il guard*; Aiol 6130 *H e s t e s v o u s gentil home pourement herbergiet;* Jourd 261 *e z venu le messaige*; Amis 58 *e z le vos en Pavie*; Th fr 19 *E s t - v o u s un prestre qui ot a non Levi;* Mont F II 228 *E s t e v o u s la dame est issue;* B Chr 74,42 *E s t o u s li fius Oedon.* Der Anschluss eines mit *que* eingeleiteten Nebensatzes ist mir nur in Sept S begegnet: S. 37 *Atant e z v o s q u e cuevre feu sona meintenant;* ibid. *Atant e z v o s q u e uns de ses mestres vient qui avoit non messires Malquidarz li torz.*

Im lat. konnte *ecce* noch in anderer Weise verwendet werden: Kirch An S. 199 *ecce considerate*; Greg T p. 827 *Domine, e c c e, viam nescio;* Scr R L I 316,10 *e c c e v o s quare saevistis?* Köhler a. a. O. p. 31 *e c c e t u quam cito abdicare didicisti;* Kirch An S. 192 *e c c e qualis cautio est* etc. Im Afrz. wird in fast allen diesen Fällen *veoir* oder *esgarder* gebraucht; vgl. *diva* und *avoi* beim Imperativ.

voir.

Einfaches *videre* wurde bereits im Latein. wie frz. *voici, voilà* verwendet, und zwar nicht nur in imperativischer, sondern auch in fragender und asserierender Form.

a. *vois, veez* als Assertionen.

Petron 173,1 *v i d e s me: nec auguria novi nec mathematicorum coelum curare soleo*; 41,12 *v i d e s illum qui in imo imus recumbat: hodie sua octoginta possidet* u. ö.; 79,25 *notavit haec Trimalchio jussitque afferri omnia et v i d e t i s* (vgl. frz. *veez ci*), *inquit, mulieris compedes: sic nos barcalae despoliamur;* 29,8 *hic est, inquit, apud quem cubitum ponetis, et quidem jam principium cenae v i d e t i s (et ja veez ci).*[1])

Der Gebrauch des behauptenden *vides* setzt sich im Afrz. fort: Rol 2978 *Reis orguillos nen est dreis que t'en alges. V e i s Baligant Ki apres tei chevalchet: granz sunt Ces oz qu'il ameinet d'Arabe.* Wenn Gautier p 674 sub *veiz* anmerkt: „2. p. s de l'ind. prés. (?) ou de l'impér. de vedeir

---

[1]) Prof. Studemund erklärt *vides, videtis* in diesen Fällen für eine Assertion.

(vides ou vide), so scheint er der Meinung zu sein, dass das deiktische *videre* nur im Imperativ stehen könne. Dem ist aber nicht so, wie sich aus den weiteren Beispielen ergiebt: Ben II 18462 *Toz jors les tien l'on en vilte. Ci es venuz a la provance: Veiz tot le barnage de France, Par tei li grant e li menor Quident esclarzir lor dolor;* 22811 *Veiz toz li regnes crie e brait Si cum de terre miserine S'enfuit li poples de famine;* 22854 *Veiz treis jornees de ton regne U n'a remes home ne femme N'ou a plein pie de terre aree;* 22658 *Receif ces bres, veiz ces seiaus.* Hier würden wir in der That *vei* erwartet haben, aber die Assertion entspricht hier der römischen Vorstellungsweise, wie bei Petron 79,25 *et videtis, inquit, mulieris compedes.* Ebenso dürfte uns *veiz* überraschen in den folgenden Stellen: Ben II 27605 *Sire, funt il, nostre poeir Ferom que vengiez seit cist torz . . . Veiz nos toz presz, fai e atorne;* 16024 *Veiz contre tei a ci grant gente, Si esgarde con faitement vers eus te voudras contenir.*

Diese Beispiele bestätigen hinreichend den deiktischen Gebrauch von *veoir* in Form einer Behauptung. Das berechtigt uns, dem plur *veez* nicht blos imperativischen, sondern auch behauptenden Charakter beizumessen: Ben II 17753 *Mult se deust bien estre enpris Pieça od si vaillant amis Dunt del tot fust aseurez E fors e creuz e redutez. Veez Ernolf, le fel, le chien, Qui unques jor ne li vout bien: Sos ciel n'a rien qui tant le hee;* vgl. Ben 18462; Rol 2978; Elie 43 *Vees mon fil qui est en cele sale. Gent a le cors et lees les espaules, Mout me mervel, confais est ses corages;* vgl. Tobler Mitt 170,11 *Vois Auberi de Borgoigne le fier; En nule terre n'a meilleur chevalier;* Rol 3375 *Li mien barun, nurrit vus ai longtens: Veez mun filz, Ki Carlun vait querant. Meillur vassal de lui ja ne demant. Succurez le a voz espiez trenchanz.*

Ich bin geneigt in solchen und ähnlichen Fällen die römische Anschauungsweise, die darin besteht, bei dem Angeredeten den Vorgang des Sehens als notwendige Bedingung für die Erkenntnis der nachfolgenden Mitteilung hinzustellen, wiederzuerkennen. Es handelt sich hierbei nicht sowohl um eine äussere, sinnliche, als vielmehr um eine innere, intellektuelle Wahrnehmung, um ein Vorstellen überhaupt, da nicht immer der Gegenstand, von dem etwas ausgesagt wird, thatsächlich gesehen wird. So erweisen sich *vois veez* als explicative Formelwörter, die einleitend auf den Gegenstand, der expliciert werden soll, hinweisen. Instruktiv sind in dieser Hinsicht auch folgende lat. Sätze aus Vita Brand (Jub) S. 51 *Ista caligo circumdat insulam istam quam vos quesistis per septem annos. Ecce videtis eam intrare in illam; Ecce tu vides ardentes candelas in medio vasculorum, tamen nichil ex illis exuritur.*

Allmählich, noch in afrz. Sprachperiode traten zu den fraglichen Formen von *veoir* die Ortsadverbien *ci* und *là* hinzu. Einen Ansatz zu dieser Erscheinung findet man bereits im Rolandsliede 308 *Et dit al cunte*: „*Jo ne vus aim nient, Sur mei avez turnet fals jugement. Dreiz Emperes, cim veez en present: Aemplir voeill vostre comandement.*

Die obigen Erörterungen in betreff des blossen *veoir* gelten auch für das mit *ci* und *là* verbundene. Bestätigt wird dies durch Ben II 26337 *Haus dux, veiz-ci ta genz ainsose. N'ies entr'eus halegres ne sains Si n'ont les quers de dolors plains.* So auch Tobler Mitt 170, 14 *Vois ci ton pere, qui le uuet engignier* . . . . und sonst. So trage ich denn kein Bedenken auch *veez ci (la)* die Möglichkeit einer Assertion zuzuschreiben. Eine solche sehe ich in folgenden Fällen: Rol 308 *cim veez en present* u. s. w.; T Mitth 171,12 *Ves*[1]) *ci mon pere, qui nos cuide engignier* (vgl. ib. 170, 14 *vois ci*); Ben II 21344 *Dunc dist al duc: vez ci le rei E sa grant ost environ sei Les escuz pris entre-*

---

[1]) Es fragt sich, ob die Form *vez* durch Cumulation (Diez Et W unter *ecco*) oder durch Kreuzung (Suchier in Groeber's Grdr I, 630) von *videre* und *ecce*, wie prov. *vec* und ital. *vecco*, entstanden ist. Nun verbindet sich *vez*, wie das vollere *veez*, mit *ci* und *la* und hat alle übrigen Funktionen dieser Form; nirgends aber findet man *vez (le) vos* analog *ez (le) vos*. Es ist daher viel richtiger anzunehmen, dass *vez* eine durch häufigen Gebrauch entstandene Contraction von *veez* ist, die möglicherweise durch den parallelen Gebrauch von *ez* noch befördert wurde, jedoch nur unter Wahrung des ursprünglichen Charakters.

seigniez E les heaumes es ches laciez. Ce quident bien tot entreshet Que ja contr'eus n'aiez recet Ne defense n'arestement; Elie 1288 *Cha te trai . . , Vees ichi I castel de mout grant signorie, Les ors et les abresces . . .! Ses tu qui ichou est com a non ceste uile?* Amis 3144 *Ce dist Amiles: Vostres sui, Belissant, Et vez ici Ami le combatant (= cil que ci veez, est Amis* l. c.*);* Men Reims 250 *Sire, li rois Iehans m'envoie ci et veez ci ses lettres de creance;* vgl. Ben II 22658 *Veiz ces seiaus;* Mont F III 206 *Et vez me ci tot apreste;* vgl. Ben II 27605. Mont F II 17 *Veez les (garnemenz) ci, or esgardez, Quar il sont et bel et plaisant:* „Hier sind sie, da hast du sie, also betrachte u. s. w.“

Das ständige Fehlen des Subjectspronomens bei *veoir* kann nicht befremden. Nach lateinischer Weise stets den Satz beginnend, zeigen *vides, videtis* sich bereits im Anfang der romanischen Zeit in einem Zustande formelhafter Erstarrung, der weder die Aenderung der lat. Stellung, noch die Hinzufügung des pronominalen Subjektes mehr zuliess.

b) *vois, veez* als Fragen.

Die Frage scheint, wohl ganz unserem Sprachgefühl gemäss, vorzugsweise in den Fällen verwendet zu werden, wo es fraglich ist, ob der Angeredete des durch das nominale Objekt bezeichneten Gegenstandes gleich und ohne erhöhte Aufmerksamkeit ansichtig wird. Es kann sich also hier nur um eine thatsächliche sinnliche Wahrnehmung handeln. Veranschaulicht sei dieser Fall durch folgendes lat. Beispiel: Brand S. 31 „*Videtis insulam illam?*“ *Aiunt* „*Videmus*“. *Ait illis:* „*Tres populi in illa insula sunt etc.* So frz. Rou II 9526 *Veiz tu, dist il, cel rochier la? Bels est li lieus, fort place i a.* Andere Beispiele s. Abschnitt IV.

c) Die imperativischen Formen *voi(s), veez.*

Graal I, 225 *Car tu auras la senefiance de ma mort ou garde et cil cui tu la commenderas; et voi la ci.* In Voir dit p. 19 *Et veez ci la cause* handelt es sich um eine Orientierung der angeredeten Person über einen Gegenstand, für dessen nachfolgende Betrachtung *veez ci* die Aufmerksamkeit heischt. *veez ci* hat hier den Sinn von *oez* oder *sachiez,*

6

und darum ist der Imperativ natürlich. Ebenso Ben II 23725 *Vez u est vostre entention. N'est ne mais habitation Le cors al alme qui estait De ci.*

Eine strenge Scheidung zwischen der einen und anderen Auffassung nach bestimmten Gesichtspunkten ist nicht denkbar. Meine Ausführungen sollten nur constatieren, dass eine Doppeldeutigkeit der Formen *voi(s)*, *veez* in der That existiert, Es frägt sich nun, wie gegenüber dieser Thatsache das neufrz. *voici* oder *voilà* mit regelmässig vorangestelltem Accusativpronomen zu erklären sei. Suchier sieht in *voi* den Imperativ, wenn er im Groeber'schen Grundriss I p. 619 sagt: „Archaische Formen, die im Gebrauch verbleiben, sind *va vade* und *voi vide* in *voici, voilà* (sonst *vois*). Es lässt sich bestreiten, dass *voi* in dieser Verbindung das afrz. *voi* fortsetzt. Es ist vielmehr aus *vois* hervorgegangen dadurch, das *s* in engem Anschluss an *ci* und *là* abfiel; denn die neufrz. Form *vois* für *voi* war schon längst üblich, bevor eine Verwachsung der Verbalform mit dem Adverb mit Voranstellung des Pronomens eintreten konnte. Wie *ves*, so büsste auch *vois* mit Beginn des 15. Jahrhunderts, als die Verbindung perfekt wurde, sein *s* ein: V Test IV, 31751 *vela;* 32358 *Me vecy;* 32534 *vela;* 34119 *vela;* 34502 *vecy;* 34546 *le vecy;* 35873 *voicy;* 28463 *Me voiciy;* 28506 *me voicy;* 28495 *voicy.* Die Schreibung *ll:* ib. 30949 *vella*, ebenso 32653, 35277, 35751 u. ö.

Da aber *vois* zugleich imperativisch und indikativisch sein konnte, so fragt es sich, welche Form wir in dem verbalen Bestandteil der Komposition zu sehen haben. Suchier hält *voi*, wie gesagt, für einen Imperativ. Im Anschluss an meine voraufgegangenen Erörterungen ist die im Wörterbuch von Sachs-Villatte kundgegebene Auffassung wahrscheinlicher, dass *voici* = *(tu) vois ci*, wie aus der Stellung des Pronomens vor dem Verb hervorgehe.

voi(s), *voyons*, *veez* als exclamative Empfindungswörter. Mont F I, 1 *Vois quiex sollers de cordoan Et com bones chauces de Bruges*! Mont F V, 71 *Vois, dist il, por la teste Dieu, Ce n'avint onques mes a gieu;* Th fr 88 *Vois, chis moines est endormis;* ib. 66 *Car je suis, voi, un sot clamés;* Alisc 1472

Galopin, dist Elies, vois quel feme i a! Th fr 462 *Egar voiz! toy et ta creance Reni et toute ta puissance.* Einmal begegnete mir *voyons:* Aiol 2584 *Voiens, compere Pieres, che dist Eldres, E Dieus, cis avoit trop demore;* vgl. neufrz. *voyons.* Mont F II 154 *Ves qu'il n'a cote ne chemise;* ib. 252 *Veiez come est teint de charboun;* Ben II 27252 *Vez, tote la terre fremie D'iceste gent de Normandie.* Auch eine Form *voit* findet sich in diesem Sinne: Th fr 246 *Voit! Voit! il est bien en ce point, Laissons ester;* 501 *Royne sera. Or voit! or voit!*

Esgar (egar) agar.

Wie *gar* aus *garde* (s. Nost D XII 1255, *Gar toy de moy*; Rose I 168 *Gar que tu soies repairies*) so ist *esgar (egar)* aus *esgarde* entstanden: Huon 31 *Esgarde, rois! Dix te puist malëir.* Das seit dem 14. Jhrh. vorkommende *egar* ist einfach die Fortsetzung von *esgar*, nicht aber = *eh* + *gar*, da *gar* in der Bedeutung „schau" nicht vorzukommen scheint. Demnach ist auch *agar* = *agarde.* Nost D I 7,900 *Egar! comme estes esperdue;* Th fr 290 *E! gar comme il parle à cheval;* Mont F II 27 *Esgar, mon lardier a latin parlé;* Th fr 129 *A! war que chis vient adoles;* Th fr 289 *Egar qu'il nous donne de paine*; 459 *Egar! pas n'est devant l'autel, Ne aussi n'est-elle a son hotel;* Nost D I 7,1002 *Egar! elle n'est mie la;* Nost D I 7,614 *Or sus, ma suer, sus sanz respit. Egar! pas n'est dedans son lit.* Auch steht es bittend beim Imperativ: Nost D I 7,983 *Madame! Egar! respondez moy.*

VI.

Verstärkende Zusätze beim Imperativ.

I. Verbale Zusätze.

allons, allez, va: wohlan!

Fier 129 *va, monte el dromedaire Si pense del errer;* Fier 129 *va, di moi a Golafre n'i laist hommes passer;* B Chr 85,21 *Venes vos ent o moi, ales, pores veoir;* ib. 309,37 *alons, a Mahomet soiions nous commandé!* ib. 348,3 *alons, dame, je suis tout prest, entrez en voie;* Sept S 6 *Alez, montez et si me saluez les VII sages;* ib. 11 *Alez, fet il, destruiez-moi cestui qui mon fil devoit estre.*

fai, faites = *age, agite.*

Th fr 85 *Faites, ales-vous ent errant;* ib. 674 *Faites, couchiez-me appertement;* B Chr 303,15 *Mes fetes tost, ales vous en;* Nost D I 3,664 *Seigneurs, faites: si le mettons;* Th fr 92 *Or fai; S'en irons, à Saint N. commenche à sonner des cloquetes;* ib. 212 *Faites, cousin, ne feres se bien non;* Ben II 18130 *Faites, porchaciez e querez Ce que vos a faire me loez.*

avoi und *diva* beim Imper. s. Abschn. V.

II. Adverbiale Zusätze.

car.

Die afrz. Function von *car* beim Imperativ ist nicht mit derjenigen von lat. *quare* zu vermischen, welches im Sinne von *igitur, proin* frz. *donc* den Befehlssatz einleitet, ohne das Wesen des Jussivs in einer besonderen Weise zu beeinflussen. z. E. Horaz Sat 2, 3, 176 *Quare, per Divos . . , Tu cave ne minuas.* Dagegen dient gerade *car* dazu, dem Befehle ein bestimmtes Gepräge zu verleihen, indem es verwendet wird, um dem gesteigerten Interesse des Befehlenden für das von ihm Geforderte einen adäquaten Ausdruck zu geben. Mont F II 261 *Diva, fol ribaus, quar te tais, Si te va pendre a l gibet;* Rol 1783 *Kar chevalchiez. Pur qu'alez arestant?* ib. 1910 *E, car nus en fuium;* ib. 2176 *E, gentilz hum, car me dunez cungied*; Mont F III 186 *Filz, quar prenez une moillier Si essaiez que ce sera;* ib. II 238 *Dame, fait il, ma chape noire, Se vos plaist, quar me faites rendre.* Im Gebet: Gayd 11 *Sainte Marie, car me soiez aidanz;* Huon 96 *Sainte Marie, et car nous secoures* u. ö.

Der Gebrauch von *car* wird im 14. Jahrhundert selten. Machaut hat in Voir dit nur einmal *car* verwendet: p. 35 *Car vous levez si mengies;* Nost D I, 807 *Car me donnez cuer et curage De vous servir tout mon eage Et veuillez . . que je puisse consel trouver;* ib. 4, 235 *Mon seigneur, en amour vous proy, car vous en vueilliez deporter.*

Dieser Gebrauch von *quare* kommt daher, dass eine voraufgehende, unwillige oder verwunderte Frage nach dem Grunde des stattfindenden Gegenteils mit der gleichfolgenden Aufforderung so verschmolz, dass von der Frage nur das *quare* blieb. Ein derartiger Vorgang ist in volkstümlicher Redeweise ganz natürlich. Da das Spätlat. Frage und Aufforderung gern verband, so konnte eine Verschmelzung in lebhafter Rede sehr leicht eintreten und schliesslich allgemeiner Gebrauch werden. In derselben Weise ist der conjunktinale Gebrauch von *car* zu erklären. Die Frage *quare* verschmolz mit der darauffolgenden Antwort und leitete sie so ein; vgl. ital. *perchè* als causale Konjunktion. Dafür liefert Petronius einen interessanten Fall: 49, 13 *haec colonia retroversus crescit tanquam coda vituli; sed quare habemus aedilem trium cauniarum qui sibi mavolt assem quam vitam nostram* (aber warum? wir haben etc.)[1])

cor.

cor, das im Laufe des 12. Jahrhunderts auftaucht, ist eine Verbindung von *que* und *or*. Man vergleiche das exclamative *cor* in Indicativsätzen z. B. Huon 16 Diex! *c'or nel set Karles!* oder die Verbindung *sor* aus *se* + *or*: B Chr 156, 7 *et s'or venoit la damoisele.* Andere Deutungen von *cor* hat Diez Gr III, 215 mit Recht zurückgewiesen. *cor* wurde zunächst in Wunschsätzen verwendet und dann sein Gebrauch auf den Imperativ ausgedehnt. Es verstärkt den Imperativ in ähnlicher Weise wie *car*, indem es dem Willen des Auffordernden einen lebhaften Ausdruck verleiht. Huon 286 *c'or me donnes congiet Que me laissies par devant chevauchier;* Trouv Belg I, 75,13 *Dame, c'or me pardones;* Huon 8 *He! empereres, et c'or le faites bien;* M Fabl V, 113 *Dame fait il, c'or nous dignons;* Huon 14 *Bien viegnes, et c'or*

[1]) Hingewiesen sei hier auf die häufige Verbindung *quare? quia* im Spätlat. z. B. Kirch An. 317 *Credo in deum patrem iam Iudaei non possunt (sc. dicere). Qare? quia* (= denn) *dicit dominus in euangelio etc.* — Einmal begegnete mir *quare? ubi* im Sinne von *ubinam*: Script R I L 347,5 *Et cum multiplicaveritis preces non audiam? Quare? ubi est ergo David: Invoca me in die tribulationis tuae etc.?*

me dites; Huon 22 *Et c'or i va*; Aiol 4106 *c'or le me di.* Sehr selten findet sich *cor* beim negativen Imperativ: Th fr 198 *A! rois, c'or nel tien en despit Car me donnes huimais respit.*

mon

Es kann hier auf den Gebrauch von *mon* im Sinne von lat. *sane*, ital. *pure* beim Imperativ nur hingewiesen werden, da derselbe, wie aus Godefroy unter *mon* zu entnehmen ist, erst im sechzehnten Jahrhundert sich findet. Im afrz. hat *mon* lediglich die Eigenschaft einer versichernden Partikel in Indikativsätzen.

VII.

Die Negationen beim Imperativ.

Der Imperativ wird negiert:

a) durch die reine Negation *ne:* Amis 2963 *nel me celez voz ja.* Ebenso beim Inf. proh.: Adam 50 *Nel laisser mais venir sor tei.* Das imperativisch verwendete Futur des verbum vicarium wird, wenn es allein steht, von *non (nu)* begleitet: Mont F II 67 *Non feres vous, si com je cuit.* Mont F III 238 *Non feras; lai le toute coie;* Alisc 223 *Non feres ja;* Rois 368 *Nu fras*; Rois 357 *Nu faire.* Tritt jedoch ein Pronomen hinzu, so steht *ne:* Rois 117 *Nel frez pas issi.*

b) durch den negativen Ausdruck *mar.* Th fr 114 *Ha! mauvais vilains, mar i fai! Pour coi tues-tu mon faucon?* Clig 5890 *Nus ne li dit: „Mar i tochiez";* Mont F I, 310 *Mar ialez, ca venez, ca dites;* Mont F V, 45 *Mar le dites, biau sire, avoi!* Fergus 30, 18 *Ja mar en doutes.*

mar ist aus *mala hora* entstanden. Diez Et. W. 4 p. 227 führt je ein Beispiel aus den Gest. R. Fr. und Greg. T an, in denen *mala hora* mit dem Perfekt verbunden ist. Ebenso findet sich *bona hora:* Vita Brand (Jub) S. 35 *Dico tibi frater quia bona hora concepit mater tua.* Im älteren Volkslatein verwendete man *malo:* Plaut Men 121 *Malo cavebis, si sapis.*

Auf den spätlat. Gebrauch von mala hora mit dem Futur (entsprechend dem Plautinischen *malo cavebis*) im Sinne eines Prohibitivs oder negativen Wunsches weist die Thatsache, dass diese Verbindung bereits in den ältesten afrz. Denkmälern üblich ist.

mar mit Futur I im Afrz: Rois 103 *Mar l'ociras*; Rol 196 *Ja mar crerez*; Huon 94 *Mar vous esmaieres*. Für *mar* steht bisweilen *mas* oder *mais:* Huon 109 *Ja mar le meskerres;* Aiol 1702 *Ja mais le mesquerres.* — Bisweilen verwendete man das Fut II, indem man die Handlung bereits vollzogen und von üblen Folgen begleitet dachte, wie in Mont F II, 115 *Ja mar seras douté Que vous perdroiz la vostre chose En ceste pree qui est close* und R Mont 9, 15 *mar seres esbahis* (s. Diez Gr III 281).

„Fühlte man nun hier nur das Verbot oder den negativen Wunsch, so ist es nicht zu verwundern, dass sich an Stelle des Futurs unlogisch auch der Modus des Wunsches nach *mar* einstellte“: Mitt. 52,23 *Qu'il viegne a moi en cel palais liste. Mar ait paour d'ome de mere ne*; ib. 232,21 *Et cil respondent: ia mar i ait doté* (s. Gaspary, Groeber's Zsch 7,574) oder man verwendete, wie in den an erster Stelle citierten Beispielen, auf demselben Wege der Übertragung, den Imperativ.

VIII.

Die Personalpronomina beim Imperativ.

I. Die Subjektspronomina.

1. Natürlich erscheint das pronominale Subjekt in Gegensätzen, wie: Adam 42 *Or te dirai, et tu m'ascote;* Alisc 4762 *Jo irai . ., Et vous remanes.* Ebenso, wenn die Person durch einen Satzteil näher bestimmt wird: Chev 6564 *Tu, fet la dame qui tant sez, Me di, comant j'en panserai;* Jourd 160 *Alez i vos meimez;* Nost D I 2,836 *Venez moy vous*

deux convoyer. Fier 114 *Ales i vous tou seus.* Nost D I 2,856 *Or chantez vous deux.*

2. *tu* und *vos* pflegen zu einer Anrede hinzuzutreten, obwohl sie für unser Sprachgefühl unbetont sind. Dieser Gebrauch ist durch das Volkslatein vorbereitet worden. Petron 55,15 *sed narra tu mihi, Agamemnon,* und in emphatischer Verwendung: Script R M Mir Cap 12 *Domine Jesu Christe . . tu extingue hos ignes.* — Brand (Jub) p. 100 *Od tu, honerables peres, quantes et com faites t'a Dieu demonstre;* Cambr Ps 263,3 *Etetu, Deus, li miens salvere fiancusement ferai;* ib. 279,2 *Beneissez, vus, angele de Damnedeu, a Seigneur;* Jourd 1290 *Dex, fait il, peres, qui formastez le mont, . . Vos le menez a droite garison;* BChr 28,4 *E reis celestes, tu nos i fai venir;* Alisc 1922 *Dame sainte Marie, vous m'en aidies;* ib. 6891 *Glorieus sire . . tu garis hui.*

3. Aber die Subjektspronomina werden auch ohne Beziehung auf eine Anrede, also rein pleonastisch verwendet. So schon in der lateinischen Volkssprache: Plaut Trin IV, 4 1109 *Sequere tu hac me intro;* Trin IV, 2,952 *Ne tu me edepol arbitrare beluam.* Im Afrz. steht das pronominale Subjekt beim negativen Imperativ häufiger als beim affirmativen. S. Tobler Gött. Gel.-Anz. 1872 S. 895.

a) Der Nominativ beim affirm. Impr.: Alisc 183 *Va tu, dist il, ja Dex bien ne te face;* Adam 8 *Co garde tu;* Auc 4,17 *Or gardes vous, fait li quens Garins. Grans maus vos en porroit venir.* Das reflexive *vous* müsste zwischen *or* und *gardes* stehen. Lyon Ys *Et soffre fain . . Ou tu travaille;* R Cambr 5272 (gl. V. Beitr. p 23 Anm. 1). *Ou tu m'ocis ou tu me laisse en vie*; Clig. 5904 *Ou tu m'oci ou tu me pant;* Ben I 414 *Seignors, ci estes nos feeilz, Pur ceo vos dunes-noz conseils; Nus ne dutum vers vos neient.* Besondre Beachtung verdient das Hinzutreten des Nominativs hinter *et:* Rol 40 *S'en voelt ostages, e vus l'en enveiez:* Ben II 16762. *„Je ne sui fiz“. — E vus en pernez ma fiance.*

b) Der pronominale Nominat beim Prohibitiv.: Ben II 15331 De ceo *nel mescreez-vos mie;* Aiol 9167 *nel vous pensees vous onques;* Ferg 53,10 *Gardes, ne me celes vos mie;* Amis 2552 *Nel retenez voz mie;* 2869 *Nel me celez voz ja;* Jourd 2630 *Por Deu voz pri, ne voz chaut d'esmaier. Mais voz nes faitez au port appareillier. Je voz ferai de mon avoir chargier.* Beim Inf. proh. kann ebenfalls *tu* stehen: Amis 2869 *nel me celer tu mie;* Chev 732 *garde ne demorer tu pas.*

Im afrz. werden *moi* und *toi* für die entsprechenden Nominative des Personale nur selten verwendet. Die Einschränkung bezüglich ihres Gebrauchs, von der Diez Gr III, 51 spricht, dass derselbe lediglich stattfinde, „wenn das Pronomen ausser direkter Verbindung mit dem Verbum steht", gilt noch fürs 14. Jahrhundert. Das älteste bekannte Beispiel einer solchen Verwendung bietet uns Chev 2501 *S'irons tornoier moi et vos;* Mont F II, 133 *Contons, moi et toi orendroit;* Th fr 355 *Allons-m'en, seigneurs, vous et moy Es cieuls lassus;* ib 491 *Avant, Guyot, et toy, Jourdain;* Nost D I 1,436 *Gabriel, fay moy compagnie, Et toi, mon chier amy Michiel;* ib. 1,1457 *Alons nous en, mere et amie, D'autre part es cieulx moy et vous.*

II. Die Objektspronomina.

Es besteht im Afrz. die Neigung, die im Neufrz. Gesetz wird, nach dem Imperativ statt *me* und *te* die volleren Formen *moi* und *toi* (ausser vor *en* und *y*) zu verwenden: B Chr 72,13 *Conte moi ton pansé;* 30,38 *rendez les mei;* 135,28 *retien le moi* 174,26 *trai toi avant;* 362,17 *siet toi la;* Mont F II 51 *Mais herbregies moi anuit mais;* Mont F II. 208 *Mais ent Revenez moi veoir sovent.*

Aber häufig finden sich die schwachtonigen Formen, und wie es scheint, in weniger gut stilisierten, namentlich pikardischen Denkmälern: B Chr 205,34 *ovrez me l'uis;* 315,24 *faites ne escout;* Mont F II, 6 *fai le me avoir tout;* Nost D I 1,1263 *A moy es: tre te pres de moy;* Th fr 63 *consille me aussi;* B Chr 480,4 *va te pendre.* Für die 3. Person ist es, vom Cambr Ps abgesehen, Regel, die schwachtonigen Formen zu gebrauchen, z. B. Mont F IV, 89 *Huchiez le, errant parler l'orrez.*

In eingeleiteten Sätzen treten die tonlosen Objektsformen vor das Verb, in uneingeleiteten stehen sie nach demselben. Dies gilt im Allgemeinen für alle Satzformen in gleicher Weise; s. Tobler, Gött. Gel. Anz. 1875, p. 1057 ff. und Mussafia, Zsch. XI 274.

a) Imperativische Sätze werden eingeleitet:

α) durch das Subjekt.

B Chr 28,4 *tu nos i fai venir;* Adam 42 *tu m'ascote;* Alisc 1922 *Dame, sainte Marie, vous m'en aidies;* Jourd 1290 *Dex . . vos le menez a droite garison.*

Aus der Fähigkeit von *tu* und *vos*, Voranstellung des Pronomens zu veranlassen, erhellt, dass dieselben nicht, wie neufrz. *toi* und *vous* oder wie Anreden: *Sire, Dame* u. s. w., als Appositionen aufzufassen sind. In diesem Falle dürften sie ebensowenig wie eine Anrede, z. E. *Dieus, garis moi* die Stellung des Objektes beeinflussen.

β) durch Objekt und adverbialen Ausdruck.

Mont F III 11 *le mantel li bailliez apres*; ib. III 73 *l'autre me lesse;* Chev 2552 *Une chose m'acreantez;* Th fr 635 *Et d'aourer le vous cessez;* ib. 666 *De moi baptiser vous hastez;* Rol 588 *de vos paiens lur enveiez cent milie;* B Chr 59,26 *en paradis en irommes.*

γ) durch Adverbia und Konjunktionen.

B Chr 33,2 *Ca vus traiez, ami!* 34,14 *Nen m'en blasmez;* 66,8 *si me va engloutant;* Mont F II 233 *Dunc me vengez de ceo lechur;* B Chr 233,28 *puis vous en venes;* 277,37 *bien les atendes;* Mont F III, 6 *ainz me monstrez;* III 95 *Lors te remet a la charriere;* III, 113 *or le nos dites;* III 95 *N'i demeure mie;* Th fr 114 *Mar i fai*; B Chr 207,8 *car me faites osteler*; Th fr 660 *maishuy vous en alez;* Chev 5559 *Leanz l'encloez;* Th fr 625 *vien avant et m'escoute.* — Ausnahmen finden sich in Sätzen mit *et*: Ben II 24854 *Fai e acomplis en lor voleir;* Alex (H) 761 *Si querres le saint home, ne faites mie sejor, Cui Dieus en paradis donra corone et flor. Et proiies li trestuit piument par amor.* Ferner Sätze, in denen *et* den Konjunktionen: aber, sondern oder darum entspricht: Clig 99 *Biaus fiz, feit il, je vos otroi Vostre pleisir, et* (etwa = *mais*) *dites moi Que vos volez que je vos doigne;* Clig 430 *Sez lez moi, ne plorez plus Et* (= *mais* oder *ainz*) *dites moi vostre pleisir.* Chev 97 *Je ne cuit avoir chose dite Qui me doie estre a mal escrite, Et* (darum), *s'il vous plest, teisons nos an!* Ob hier ein bestimmter Gebrauch vorliegt, wage ich nicht zu entscheiden. Sätze, die durch die fast typische Verbindung *et pour Dieu* eingeleitet werden: Graal I, 239 *Sire, ge sui en vostre merci, et, por Deu, faites-moi a savoir;* Men Reims 230, ib. 478; Villeh 209; Th fr 289 etc. können hier nicht in Betracht kommen, da der Ausruf die Wirkung des *et* aufhält.

b) Imperativsätze bleiben uneingeleitet:

α) Durch initiale Stellung der Verbalform; mit anderen Worten: Die proklitische Stellung der Objektsformen ist nicht statthaft, wenn das Verb den Satz beginnt. Dies gilt, wenigstens im älteren Afrz., auch für andere Satzformen, z. B. *souffise toi, plaist toi?* Adam 66 *Dunat le mei.*

Eine wohl nur scheinbare Ausnahme bietet Mont F II, 70 *Va tost; le m'ameine,* da *tost* zum zweiten Satze gestellt werden muss.

β) Durch bestimmte Zusätze, wie Anreden und exclamative Wendungen.

Th fr 68 *Or cha! leves-vous sus;* ib. 103 *Par amours meine m'ent;* Fier 12 *Pour amour Dieu, biaus sire, fai i un autre aler;* Graal I 442 *Dame, par amor, rendez-moy mon brachet;* Th fr 284 *Dame, par ta sainte bonte Prie-li;* Graal I 460 *Dous chevalier, por Deu! lessiez moi aler;* Th fr 577 *Avant, dites-moy vos conseulz;* Th fr 650 *Or tost! rengons-nous sanz attente;* Th fr 560 *Dame, cessez vous de crier;* BChr 434,25 *Morant, deliez la tantost.*

Selten wird von diesem Gebrauch abgewichen: Mont F IV 8 *Dame, dit Borget, me créés;* Nost D I 1,295 *Sainte Marguerite honnorée, Dame, me vueillez faire aie;* Mont F

IV, 50 *Pour Dieu, vous taisiez Et par amours vous apaisiez;* Jourd 1481 *Mais por Jhesu li donnez uns conrois.* In Nost D I 4,1142 *Si comme j'en ay le vouloir, Dame, m'en donnez le pouoir* ist die Voranstellung durch das voraufgehende *si* oder überhaupt durch das voranstehende Satzglied *Si comme j'en ay le vouloir* veranlasst.

d) durch *mais* und *sique*

mais.

Auc 10,69 ne me gabes mie, *mais metes moi* a raençon; Chev 5217 *Mes di moi,* par l'ame ton pere! Ben II 15548 *Mais fai-le bien*; Huon 52 *Mais hastés vous;* ib. 65 *Ne me fai tor* . ., *Mais rendes moi me tere;* B Chr 355,32 *Mais fai lo messoner.* Das Th fr bietet uns aus dem 14. und 15. Jhrh. mehrmals Voranstellung des Pron.: p. 259 *Ne regardez mie mon vice; Mais me soiez doulx et propice;* 444 *Et n'aiez de ma mort envie, Mais me lessiez, sanz plus, en vie;* 635 *Apres, sire, pas ne laissez Jhesu-Christ, mais le confessez Vray Dieu;* 434 *Si vous pri que ne me failliez Maintenant, mais me conseilliez que je ferai.* In allen diesen Fällen stellt *mais* Affirmation der Negation entgegen.

Si que

tritt seit dem 14. Jhrh. aus der Reihe der unterordnenden Konjunktionen und verliert damit seinen Einfluss auf die Stellung der Pronomina (vgl. *so that* im Mittelengl.). Über diese Erscheinung s. Tobler V. Beitr. S. 27. Voir dit 90 *Si qu'amis dous, conforte toy;* Th fr 567 *Si ques dites-nous qu'en ferez;* Nost D I, 6,1310 *Si que priez le de cuer fin;* ib. 5,622 *sique par amour Appareilliez vous sans demour.* — Ich führe der Vollständigkeit halber noch folgende nicht hierhergehörige Stellen an: Voir dit 188 *Si que, dous amis, ne t'esmaie.* Voir dit 302 *Si qu'amis creez mon conseil;* Th fr 631 *Si que avançons, damme, nostre erre d'aler ensemble;* ib. 613 *Si que alons m'ent tout bellement;* Nost D I 8,473 *Il fault que vous mettez a voie, Si qu'avecques nous en venez.*

Was die Stellung der Objektsformen zu einander betrifft, so geht der Accusativ des Personalpronomens dem Dativ voran: Alisc 130 *Faites le nos en Aliscans venir;* Mont F II 134 *Or le mes rent;* Ben II 17553 *Dites le-li*; Mont F II 6 *fai le me avoir tout;* ib. III 113 *Or le nos dites etc.*

Nur selten zeigen sich Abweichungen von dieser Stellung: Men Reims 61 *et si me la faites*; Huon 133 *et car me le rendes*; Huon 253 *et car me le mostres.* Erst im Laufe des 15. Jhrh. gelangte die neufrz. Stellung der Objektspronomina zu grösserer Herrschaft: V. Test IV 27813 *Ne me le cellez plus*; 30458 *Et me l'amenez*; 31319 *Or nous les lessez assaillir.* In nicht imperativischen Sätzen: 34450 *Tu me le rendras*; 31097 *Me le faictes vous deux fois dire?* 31312 *Je vous le dis.*

Die Stellung der pronominalen Objekte nach dem Verbum, die schliesslich nur in Imperativsätzen sich erhielt, änderte sich bekanntlich nicht, unzweifelhaft deswegen, weil man die Voranstellung der schwachtonigen Form *(le la les)* z. B. in *donnez les moi* des Wohlklangs wegen nicht aufgeben mochte.

Die Adverbia *en* und *y* treten hinter das Pronomen. Nur selten steht *y* voran: Mont F I 246 *Couchiez i vous sans contredit*; Nost D I 1,115 *Dame, vueillez y nous tenir.* Das Zusammentreffen von *en* und *y* ist mir beim Imper. nicht begegnet. Man pflegte z. B. nur *alons i ferir* zu sagen, nicht aber *alons en i ferir,* da *en* in solchen Fällen entbehrlich war.

Anhang. Die Verwendung der Pronomina bei den frz. Formen von *ecce* verdient eine besondere Erwähnung.

a) das pronominale Subjekt tritt selten, und zwar auch nur in geistlichen Denkmälern zu der Interjektion. Cambr Ps p. 263,2 *Etetu* (lat. *ecce*) *Deus, li miens salveres fiancusement ferai, e ne crendrai*; vgl. Script R L J 359,2 *Ecce tu ipse, pastor, bone nosti:* Cambr Ps CXXXIII,1 *este vus beneissez le Seignur, tuit li serf Damne-deu (ecce benedicite)*; *vus* ist Nominativ und bezieht sich auf die nachfolgende Anrede: „Wohlan, ihr Diener des Herrn."

b) Eine schon bei anderer Gelegenheit erwähnte Eigentümlichkeit ist die Hinzufügung des sog. ethischen Dativs zu dem interjektionalen Imperativ. Im lat. war *ecce tibi* sehr häufig, auch *ecce vobis* kommt vor: Minuc. Felix c 12,14 *ecce vobis minae* (s. Köhler a. a. O.) Cambr Ps LXXII,12 *Es-*

tetei cist felon-multiplierent delices; 27 *Kar estetei Ki eloignent*; LXVII,34 *estetei il durrat la sue voiz (ecce dabit)*; p. 625,11 *Aaste tei en peais la meie amertume aneme u. ö.*; Cambr P XXXIX,9 *Estevus je vienc*; Rois 490 *Ellevos sa sperance lo deciuerat*; 379 *Estevus la parole nostre Seignur accumplie*; Th fr 19 *Est-vous un prestre qui ot a non Levi*; Aiol 4256 *es vous le cour gagie et arami*; Mont F III 237 *Ez le vous el moustiex entré*; Chev 1749 *ez vos ja la dame changiee*; B Chr 75,19 *estes le vos ensemble as espees.*

c) Bezüglich der Objektsformen der Personalpronomina ist zu bemerken, dass dieselben stets hinter *es* oder *este* stehen, also durch keine einleitende Partikel ihre Stellung verändert wird z. B. Trouv Belg II 152,49 *Atant es m'en vos torné.*

IX.
Syntaktische Erscheinungen im Gebrauch des Imperativ.

A. Koordinierung mehrerer Jussive.

Die Anreihung zweier oder mehreror jussiver Verbalformen kann die kopulative oder disjunktive Form haben.

a) Die kopulative Art der Anreihung vollzieht sich durch die verknüpfenden Partikeln *si*, *et si* und *et* oder in asyndetischer Weise, und zwar können sich auch hier die verschiedenen zum Ausdruck der Aufforderung verwendeten Modi verbinden. Von allen hier möglichen Fällen nenne ich die wichtigsten:

1. Zwei oder mehrere Imperative: Graal I 254 *apele ton pueple et si lor di.*

2. Imperativ und Futur.

Terent Ad 351 *Abi atque Hegioni rem enarrato*; Sript R M 130,16 *Veni et quod bene placitum fuerit in oculis tuis facito.* An Stelle des Imperativ II steht im Spätlatein auch das Futur: Script R L J 312,9 *Ite et egrediemini foras.* Man kann hierbei, wie Kuehner Gr 2,152 bemerkt, die Beobachtung machen, dass der Imperativ I die Nebenhandlung, der Imperativ II die Haupthandlung bezeichnet. Ähnliches lässt sich von dem afrz. Gebrauche sagen. Durch den Imperativ wird die voraufgehende Nebenhandlung oder der vorbereitende oder weniger wichtige Teil des Auftrages, durch das Futur der Kern desselben ausgedrückt.

Huon 77 *Biax nies, or m'entendes: Droit a Brandis, je vous di, en ires*; Huon 193 *Tenes, fait il, cesti me porteres*; Mont F I, 200 *Tesiez vous, monterez la sus En cel solier tout coiement*; Th fr 577 *Seez vous: si reposerez*; Aiol 2789 *Sire, tenes mon gage, ie me renc pris, Si en feres iustiche a uo plaisir*; Aiol 2047 *Amis, ostes vostre elme, dones le nous Et monterez la sus en cele retor*; Th fr 92 *Or fai, s'en irons*; ib. 484 *Et faites tant qu'a li parlez Si li direz du roy . .*; Trouv Belg I 83,46 *Chancon, faites mon message, Direz ma dame la sage, Que . .*; Nost D I 6,1138 *M'amie, or sus (sc. levez), si en irons*; Prise de Pampl v. 46 *Or avant, mi baron: Si abatrons l'orguel dou Lombard*; Villeh 51 *alomes devant la ville et ferons ce que nostre Sire nos aura porveu*; V Test IV 27738 *Venes vous en avecques moy: En ma chambre vous cacherez, Secretement ainsi orrez* (Nachsatz); 29726 *Or, pensez de les resserer, Si vous en viendrez avec moy*; 30856 *Seigneurs, En Ebron retirons, Et le plaisir de Deu ferons*; 34377 *Levons nous, mon musequin doulx*; *Si mengerez un oeuf mollet*; Ferg 135,29 *Vallet, forment m'agree Une dame que la sus voi. Car li menes de par moi Cest destrier; sel salueras Et puis apres se li diras.*

Anderer Art ist die Verwendung des Futurs im zweiten Satzgliede: Aiol 1186 *Le chemin a senestre, frere, tenes, Et l'autre voie a destre celui laires*, wo das Futur das Gegenteil dessen, was der Imperativ bezeichnet, ausdrückt.

3) Futur und Imperativ.

Es tritt der umgekehrte Fall ein: Die erste Handlung steht im Futur, die zweite im Imperativ. Man befiehlt in Form einer Erwartung, hält aber bei jedem nachfolgenden Befehlsinhalt diese Form für überflüssig und bedient sich des Imperativs. Huon 78 *Hues, dist il, ces lettres porteres,*

Droit a Garin si le me salues; ib. 86 *Segnor, dist il, arrier vous en ires Et ma moillier se me salueres Et si li dites que je sui en sante*; ib. 102 *Se il vous plaist, encore apres ires Et une fois encor les salues*; ib. 157 *Jou m'en irai, et vous chi remanres, Se il vous plaist, et si m'i atendes, Une quinzaine, por Diu, se tant m'ames. S'en XV jour çaiens ne me raves, Ales en Franche, Karlon me salues, Et se li dites comment je sui menes*; Ferg 67,34; *Co est, rendre vos en ires Au roi, et se li porteres . . Et si vos metes a estros en sa merci*; Mont F III 94 *Par nuit enterras chies t'amie Et li di que tu n'as demie Ne denree de ton avoir.*

Graal I, 448 *Vous leirrez ester ceste peine ou vous estes mis et demorez aveuc moy.* In diesem Satze wird die Abmahnung durch das Futur und die Ermahnung durch den Imperativ ausgedrückt. Vgl. Aiol 1186.

b) Die disjunktive Form der Anreihung vollzieht sich durch *ou* oder *ou-ou*. Über diese dilemmatischen Aufforderungen s. Tobler Verm. Beitr. p. 22 ff. Auch hier können die einzelnen Glieder durch verschiedene Modi ausgedrückt sein.

1) Die beiden Aufforderungen stehen im Imp. Clig 5904 *Se je vive ne la te rant, Ou tu m' oci ou tu me pant*; Men Reims 407 *Nostre froumenz est en point de cuiedre*; *Venez i vous, ou i envoiez.*

2) Die beiden Aufforderungen werden durch den Konjunktiv praes. ausgedrückt. Gayd 107 *Ou tu li randes ou ardes en charbon ou tu en preignes moult aspre vengison.*

3) Es wird in beiden Satzgliedern des Futur verwendet. Th fr 320 *Ou tu noz dieux aoureras ou par divers tourmens mourras.* Th fr 479 *Ou vous ferez devant nous place ou vous sentirez se ma mace Sera ligiere.*

4) Das erste Glied der dilemmatischen Aufforderung steht im Imperativ, das zweite im Conjunktiv. Mont F III 238 *Met jus la pel*; *va si te pent ou tu ailles en la longaigne*; Men Reims 407 B *Vien i ou tu i envoies*; Alisc 2116 *Car t'en is Macabres! ou m'envoies ton fil.* Die beiden letzten Stellen lassen sich auch unter 5 anführen, da *envoies* ebenso Indicat. sein kann.

5) Das erste Glied der Disjunktion steht im Imperativ, das zweite als Assertion im Ind. Praes. Chev 5531 *Ostez de ceste place Vostre lyeon, qui nos menace Ou vos vos randez recreant*; Ferg 79,15 *Clames vos ent, si feres bien, U vos le faites autrement*; Fier 13 *Fui t'ent fors de la tere, mar enmerras destrier .., U tu te viens combatre pour ton cos essaier.*

6) der Indic. wird im ersten, der Imper. im zweiten Gliede verwendet. vgl. Tobler a. a. o. p. 23 Anm. 1 *Ou tu m'ocis ou tu me laisse en vie*; Aiol 9420 *U tu mieus en t'amendes u nous done congie*; Lyon Ys 2970 *Ou tu vis de ton reposer Et soffre fain . . ou tu traveille Se uuez aquerre ta vitaille.*

7) Einem Conj. im zweiten Gliede steht eine Assertion im ersten gegenüber. Gayd 109 *Ou tu li rans Forcon et Amboyn Ou touz les faces trainer a roncin.*

Bei dilemmatischen Aufforderungen, die die dritte Person betreffen, ist mir auch der Fall begegnet, dass das erste Glied durch das Futur, das zweite durch den Conj. bezeichnet ist. Gayd 92 *L'empereor Karlon voil guerroier. Ou il fera fors de France chachier Les traitors . ., Ou il les face a ma cort envoier*; ib. 107 *Se ne li veult les gloutons envoier, Puis les fera ardoir et escorchier, Ou il les face ardoir et graillier.*

B. Der hypothetische Gebrauch des Imperativs.

Der Imperativ vertritt sehr oft das bedingende Glied eines hypothetischen Satzgefüges. Wir unterscheiden:

a) Kopulative Verknüpfung zweier Sätze. Der bedingende Imperativ bildet

1) den Vordersatz; das bedingte Satzglied steht

entweder im Futur I

Adam 36 *Or commence e jo l'orrai*; Ben II 23688 *Si apleiez vos esperiz E si vos mosterrai*; Mont F III 234 *Dites le donc et je l'orrai u. ö.* Ungemein häufig begegnen hier Wendungen mit *faire:* Adam 98 *Or en vien donc, bon le feras*; Chev 4455 *Mes reva t'an! si feras san*; Th fr 658 *Envoiez savoir, bien ferez, Quelle part vous les trouverez*; Chev 5707 *Mes prenez (si feroiz savoir) Ma fille.* In den beiden letzten Sätzen steht der Nachsatz parenthetisch. Gayd 322 *Secorrons le si ferons grant bonté*; Mont F III 229 *Herbregiez moi par charite Si ferez honor et bonte*; Alisc 212 *Faites, cousin, ne feres se bien non*; Alesc 995 *si feras que preudon*; Th fr 116 *si feres grant savoir*; 147 *Si ferez et sens et savoir*; Trouv Belg I 148, *Si ferez cortoisie.*

oder im Fut. II.

Mont F I 18 *Cest mort en l'eve me portez Si m'aurez moult servi a grez.* Andere Beispiele s. Engwer a. a. o. p. 46 ff. In Th fr 260 *Or en frotez aussi vos mains en haut, bien faites* ist es zweifelhaft, ob *faites* Ind. Praes: „(und) ihr thut gut daran" oder Imperativ ist.

Wird der Befehl durch den Conj. Imp. ausgedrückt, so steht das Conditionel: Villeh 77 *Demoressiez trosque al mars et je vous alongeroie vostre estoile.*

Der bedingende Imp. bildet:

2) Den Nachsatz, in welchem die Erfüllung des Befehls die Gültigkeit des ersten Satzgliedes ist. cf. Tobler, Vrai Aniel p. 30. Eines der beiden von ihm gegebenen Beispiele lautet: *Riche hum te ferai, si me met a salu* Rou II 2980. Ebenso Adam 42 *Jel dirai et tu m'ascote*; Ben II 23401 *Jurerunt a tei e a ton eir .. Sil faites, sire, e sil pernez.*

b) Disjunktive Anreihung der Satzglieder. Der Imperativ geht stets voran. Nur ein Beispiel, welches das Futur in imperativischem Sinne im Nachsatze bietet, ist bemerkenswert: Th fr 441 *Se vous ne li faites savoir, Vous estes mors la ou vous estes; Car l'en vous copera les testes, ou voir direz.*

Der Nachsatz steht:

entweder im Fut. I

Mont F III 239 *met jus la pel, ou tu le comparras*; ib. II 120 *Bailliez la moi apertement ou .. vous tanroiz jai malves sentier*; Trouv Belg II 125,16 *Si la laissiez ou vous ferez sotie* (vgl. oben die positiven Wendungen mit *faire*); Gayd 162 *Franche maisnie, et car me secorrez,*

Ou autrement jamais ne me verrez; Mont F III 66 *Remetez nus cest frain bien sos Ou vous aurez batu vos dos*; Mont F III 280 *Alez vos en, ou, par saint Gille, ge crierai ja a tel bruit.*

oder im Indic. praes.

Graal I 460 *Urban, hastes-toi ou tu me perdz.*

oder im Perf. Ind.

Graal I 460 *Haste toi, Urban! ou tu m'as perdu bien tot amor.*

C. Der Imperativ in anakoluthischer Verwendung.

Nicht selten „nimmt ein von einem Ausdrucke des Wollens abhängiger Objektssatz, der mit *que* anhebt, im weiteren Verlaufe anakoluthisch die Gestalt der direkten Aufforderung an". vgl. Tobler Verm. B. p. 25. Durch denselben Kreuzungsvorgang kann auch der Inf. juss. in Abhängigkeit von einem Ausdruck des Wollens kommen. Die nämliche Erscheinung ist im Germanischen nachgewiesen, und ich kann sie auch für die lat. Volkssprache belegen: Script R L J 294,38 *Tu sis fideijussor, per tuum sanctum brachium eos (solidos) trado, ut, si in constitutum mihi eos non redderit, tu mihi redde.* Auch hier steht *tu*, wie in der Regel im Afrz. . Die Abhängigkeit eines Imperativs von einem Relativ bietet Script R M p. 827 Cap I *Vade, inquit, ad litus maris, et invenies navem, in quam statim ascende* (cf. frz. *sique, c'est pourquoi*). Zu den von Tobler citierten Stellen füge ich folgende hinzu: Chev 362 *Or te pri . . que tu me consoille Ou d'aventure ou de mervoille*; Fier 22 *Or te conjur et pri que me di verité.* Bemerkenswert ist Villeh S. 18 *Par Dieu te volons proier que tu preigne le croiz et secor.* Hier bietet die Zwitterform *preigne* den Ansatz zu einer Kreuzung, die erst im *secor* vollzogen erscheint. Fier 49 *Pour l'amour Dieu te pri que ci ne me laissier*; 22 *Or te conjur . . Que tu ne me mentir, ains me di verite*; Men Reims 463 A B *Je te lo que tu me jetes a tes piez et que tu ne croire*, während der Text *croies* bietet; Ben II 23031 *Te laisse tant veintre e preier*

Thesen.

1. Ital. dunque, frz. donc etc. sind mit Foerster, Roman. Forsch. I, 322 aus lat. donique oder donec herzuleiten.
2. Die Ansicht Einenkels, dass die drei mittelenglischen Dichtungen Wohunge of oure Lowerde, Lofsung of oure Lowerde, Ureisun of oure Lowerde von einer Frau verfasst seien, ist unbegründet.
3. Unter den spätlateinischen Schriften, die den Romanisten in erster Reihe zu beschäftigen haben, sind diejenigen von Commodianus zu nennen.
4. Die wissenschaftliche Behandlung der mittelenglischen Syntax setzt nicht blos die Kenntnis der gemeingermanischen, sondern auch die der altfranzösischen Syntax voraus.

www.ingramcontent.com/pod-product-compliance
Lightning Source LLC
Chambersburg PA
CBHW031243260626
47169CB00007B/2428
* 9 7 8 3 3 3 7 1 7 7 6 5 2 *